NOBILI·IVVENTVTI·ACADEMIAM·BELLI·ET·PACIS·MAGISTRAM

DIE LANDESVERTEIDIGUNGSAKADEMIE IN WIEN SEIT 1967

THE AUSTRIAN NATIONAL DEFENCE ACADEMY SINCE 1967

Dieser Band wurde von den Instituten der Landesverteidigungsakademie gemeinsam erarbeitet. Leitung des Projektteams: Brigadier Mag. René Ségur-Cabanac; Redaktion: Hofrat Univ.-Doz. Dr. Erwin A. Schmidl und Hofrat Mag. Johann Bartl.

Englisches Lektorat: Lesley Chardet, Ian J. Mansfield.

Quellen und Literatur:

Über die Entwicklung der Landesverteidigungsakademie informiert in erster Linie die Broschüre von Matthias Hoy, *Geschichte der Landesverteidigungsakademie und ihrer Vorgängerorganisationen: zum 150. Jahrestag der Gründung der Kriegsschule am 14. Februar 1852 und zum 35. Jahrestag des Bestehens der Landesverteidigungsakademie seit 1. Jänner 1967* (= Schriftenreihe der Landesverteidigungsakademie/Sonderpublikation; Wien: LVAk/ISF, 2001; ISBN 3-901328-61-0). Außerdem sei auf den Band *Viribus Unitis: Die Landesverteidigungsakademie Wien* (Wien: LVAk, 2003; ISBN 3-901328-74-2) verwiesen. Über die Vorgeschichte informieren auch die Erinnerungen von Albert Bach, *Meine Tätigkeit als Kommandant der Offizierskurse und als Kommandant der Stabsakademie: Meine Beziehungen zur Landesverteidigungsakademie* (= Schriftenreihe der Landesverteidigungsakademie; Wien: LVAk, 2001).
Darüber hinaus wurden für die vorliegende Publikation zahlreiche ehemalige und aktive Angehörige der Akademie befragt, um ein möglichst vollständiges Bild zu gewinnen. Allen, die unsere Arbeit unterstützt haben, sagt das Redaktionsteam herzlich Dank.

Bildnachweis:

Die meisten Bilder wurden von der Heeres-Bild- und Filmstelle (HBF) sowie vom Medienstudio und den Instituten der Landesverteidigungsakademie sowie vom Institut für Militärisches Geowesen beigestellt. Weitere Bilder stammen von Hofrat i.R. Walter Badin, General i.R. Dipl.-Vw. Lothar Brósch-Fohraheim, Frau Irene Kasimir, Brigadier i.R. Mag. Friedrich Liebhard, General i.R. Karl Majcen und Dr. Erwin A. Schmidl.

Vorsatz:

Die Mitarbeiter der Landesverteidigungsakademie im Mai 2007 (Foto: Karl Zotter, mit freundlicher Genehmigung)

Nachsatz:

Die Mitarbeiter der Landesverteidigungsakademie im November 1978 (Dipl.-Graph. Franz Stierschneider)

Impressum:

Verlag und Gesamtherstellung:
Vehling Medienservice und Verlag GmbH
Conrad von Hötzendorfstrasse 121, A-8010 Graz
Zeichnungen: Dipl.-Graph. Franz Stierschneider

ISBN 978-3-85333-139-2

Inhalt

Contents

Zum Geleit

Die Schaffung der Landesverteidigungsakademie 1967 war mehr als die bloße Umbenennung der Stabsakademie des Bundesheeres. Vielmehr war sie Ausdruck der Weiterentwicklung der österreichischen Sicherheitspolitik: in einer Zeit des Kalten Krieges und angesichts der Lage Österreichs zwischen den Blöcken konnte die Verteidigung kein rein militärisches Anliegen mehr sein. Daher entstand das Konzept der „Umfassenden Landesverteidigung" (ULV), mit einer geistig-psychologischen, einer zivilen und einer wirtschaftlichen neben der militärischen Komponente.

In den folgenden Jahren war es vor allem General Emil Spannocchi, der – zuerst als Akademie-, dann als Armeekommandant – dieses Konzept weiterdachte und im militärischen Bereich die „Raumverteidigung" entwickelte: Ein potenzieller Aggressor sollte nicht in einer großen Verteidigungsschlacht abgewehrt, sondern durch die Erwartung von Gegenangriffen im gesamten Raum von vornherein davon abgehalten werden, auf österreichisches Gebiet vorzudringen („hoher Eintritts-, Durchmarsch- und Aufenthaltspreis").

In den vier Jahrzehnten seit 1967 entwickelte sich die Landesverteidigungsakademie in vielfältiger Weise:

- Die Qualität von Forschung und Lehre erreicht inzwischen akademisches Niveau.
- Die Infrastruktur ist heute nicht mit jener von 1967 vergleichbar – vor allem die Übersiedlung in den renovierten Akademietrakt der Stiftskaserne (2003/04) brachte in allen Bereichen bedeutende Verbesserungen.
- Nach dem Ende des Ost-West-Konfliktes schuf der Beitritt Österreichs zur Europäischen Union und zur NATO-Partnerschaft für den Frieden (PfP) 1995 auch für das Bundesheer – und damit für die Landesverteidigungsakademie – neue Herausforderungen.
- Im akademischen Bereich setzte der „Bologna-Prozess" – benannt nach der 1999 in Bologna unterzeichneten Erklärung über die Vergleichbarkeit der akademischen Ausbildung – neue Maßstäbe, die auch für die Landesverteidigungsakademie verbindlich sind.
- Neben der Forschung und Lehre ist es ein wichtiges Anliegen, Verständnis und Interesse für Sicherheitspolitik über den militärischen Bereich hinaus zu vermitteln und so eine „Strategic Community" in Österreich zu schaffen.

Gerade mit diesem letzten Ziel knüpft die Akademie – im Sinne eines umfassenden Sicherheitsbegriffs – an jenes Konzept der umfassenden, über das Militär hinausgehenden Landesverteidigung an, das vor 40 Jahren hinter der Umbenennung der Akademie stand. De facto ist die Landesverteidigungsakademie die Universität des Bundesheeres – eine Neuausrichtung wäre nicht nur die Anerkennung einer Entwicklung, die bereits stattgefunden hat, sondern auch ein zukunftsweisender Schritt in der europäischen Bildungslandschaft.

General Mag. Raimund Schittenhelm
Kommandant der Landesverteidigungsakademie

Preface

Renaming the Staff Academy of the Austrian Armed Forces into National Defence Academy, in 1967, was more than just a change of names. Rather it reflected the development of Austria's security policy: During the times of the Cold War and in view of Austria's *geographical position between the blocs, defence could no longer be regarded as a purely military matter. As a result, the concept of Comprehensive National Defence was developed, which, aside from the purely military part, also comprised a psychological, a civilian and an economic component.*

In the years to follow, it was particularly General Emil Spannocchi who – first as Commandant of the Academy and later as Commander of the Army – further advanced this concept and, with regard to the military component, developed the concept of Area Defence. Potential aggressors were not to be engaged in large-scale defensive battles but dissuaded from crossing into Austrian territory by continuous counter-attacks across the entire area ('high tolls for entrance, transit and stay').

Over the four decades, after 1967, the National Defence Academy saw a large number of new developments:

- *In the meantime, the quality of research and training has reached high academic standard.*
- *The infrastructure is by no means any longer comparable to that of 1967 – particularly moving into the newly renovated Academy Wing of the Stift Barracks (2003/04) has brought great improvements in any respect.*
- *After the end of the East-West conflict, Austria's accession to the European Union and to NATO PfP, in 1995, has brought new challenges for the Austrian Armed Forces and therewith also for the National Defence Academy.*
- *In the academic field the 'Bologna Process' – named after the Declaration on the European space for higher education, signed in Bologna in 1999 – set new standards which are also binding for the National Defence Academy.*
- *Aside from conducting research and teaching, it is an important aim of the National Defence Academy to promote the interest in security policy beyond the military aspects and, thus, create a 'Strategic Community' in Austria.*

Particularly with this latter aim, the National Defence Academy – in the sense of comprehensive security thinking – is taking up the process of Comprehensive National Defense again that, 40 years ago, had prompted the renaming of the Academy. De facto, the National Defence Academy is the 'University' of the Austrian Armed Forces. Therefore, recognizing this development that has already taken place would not only signal re-orientation but be a future-oriented step within the European academic landscape.

General Raimund Schittenhelm
Commandant of the National Defence Academy, Vienna

DIE LANDESVERTEIDIGUNGSAKADEMIE IN WIEN SEIT 1967

THE AUSTRIAN NATIONAL DEFENCE ACADEMY SINCE 1967

Es war das, was in der Bürokratensprache als „schlanker Zweizeiler" bezeichnet wird. Dem Text nach ging es um eine bloße Umbenennung: „Die Stabsakademie (StbAk) in Wien hat ab 1. 1. 1967 die Bezeichnung Landesverteidigungsakademie (LVAk) zu führen." In Wirklichkeit handelte es sich um eine programmatische Entscheidung ersten Ranges. Denn der neue Name war gleichzeitig Symbol für neue, wesentlich erweiterte Aufgaben dieser Institution, die ursprünglich im Herbst 1956 als Teil der Militärakademie entstanden war.
Ihre seitherige Entwicklung reflektiert die Geschichte des österreichischen Bundesheeres im innen- und außenpolitischen Umfeld ebenso wie die Tatsache, dass manche Vorgänge abgelaufen sind, weil die richtigen Personen zum richtigen Zeitpunkt an der richtigen Stelle waren.

At first glance, the decision by the Austrian Ministry of Defence to rename the Staff Academy in Vienna the 'National Defence Academy', effective as of 1 January 1967, was a mere change of names. But more than that, it was an important decision that highlighted the significantly extended tasks of an academy that had been first established in 1956 as a branch of the Military Academy in Wiener Neustadt.
Its development since then reflects the history of the Austrian Armed Forces in their internal and foreign political environment. It also shows how some processes are initiated because the right persons happen to be at the right spot at the right time.

Die Vorgeschichte: Von den höheren Offizierskursen zur Stabsakademie

Das österreichische Bundesheer wurde 1955/56 aufgestellt, als Folge der Wiedererlangung der Souveränität durch den Staatsvertrag von Wien (15. Mai 1955). Als nunmehr unabhängiger Staat benötigte die Republik Österreich eine eigene bewaffnete Macht. Allerdings war deren Schaffung, nach der siebenjährigen Zugehörigkeit zum Deutschen Reich (1938-45)

Genesis: From 'Higher Officer Courses' to 'Staff Academy'

The Austrian Armed Forces were established in 1955/56 after the country had regained its sovereignty with the Austrian State Treaty of 15 May 1955. As an independent country, Austria needed armed forces. However, setting them up was not easy, after having been part of the German Reich for seven years, followed by the Allied occupation (1945-55). The interruption had lasted too long and there was

und der folgenden alliierten Besatzung (1945-55), nicht leicht. Zu lange war die Unterbrechung gewesen; es fehlte an Personal (die ersten Wehrpflichtigen wurden am 15. Oktober 1956 einberufen) und an entsprechend erfahrenen Offizieren. Dies galt vor allem für die ältere, auch im Umgang mit der Politik erfahrene Führungsgarnitur.

Noch vor der Aufstellung des Bundesheeres, im Rahmen der in den westlichen Bundesländern aufgestellten paramilitärischen B-Gendarmerie, begann die Heranbildung junger Offiziere. Aus der Gendarmerieabteilung K (= Kurse) in Enns wurde 1956 die Militärakademie, die im Dezember 1958 an ihren angestammten Sitz nach Wiener Neustadt zurückkehrte und später, mit 1. Jänner 1967 (übrigens gleichzeitig mit der Umbenennung der Stabsakademie in Landesverteidigungsakademie), ihren alten Namen „Theresianische Militärakademie" erhielt.

Für die Fortbildung der Offiziere – sowohl der aus der deutschen Wehrmacht oder (in sehr geringer Zahl) aus den alliierten Streitkräften des Zweiten Weltkriegs übernommenen wie auch der künftig im Rahmen des Bundesheeres aufwachsenden – wurde mit 1. September 1956 das „Kommando der höheren Offizierslehrgänge" (ab 22. September: „Kommando der [höheren] Offizierskurse Wien") in der Wiener Stiftskaserne eingerichtet, das bis 1961 der Militärakademie angegliedert war. Es wurde zunächst in Personalunion vom Kommandanten der Militärakademie, Oberst des höheren militärischen Dienstes (dieser Zusatz, abgekürzt „dhmD" entsprach der späteren Bezeichnung „des Ge-

a distinct lack of personnel – the first national servicemen were conscripted on 15 October 1956 – in particular of senior military officers versed in dealing with politicians.

Officers'training started even before the creation of the army, within the framework of the paramilitary 'Special Gendarmerie' established by the western Allies in their zones of occupation (i.e. in the west and south of the country). 'K Detachment' (K stood for Kurse, or courses) in Enns and Ebelsberg eventually became the nucleus for the re-establishment of the Military Academy in 1956, which relocated in 1958 to its original home in Wiener Neustadt, some 40 km (25 miles) south of Vienna. (Actually, the Military Academy in Wiener Neustadt is the oldest institution of its kind. In 1967, when the Staff Academy was

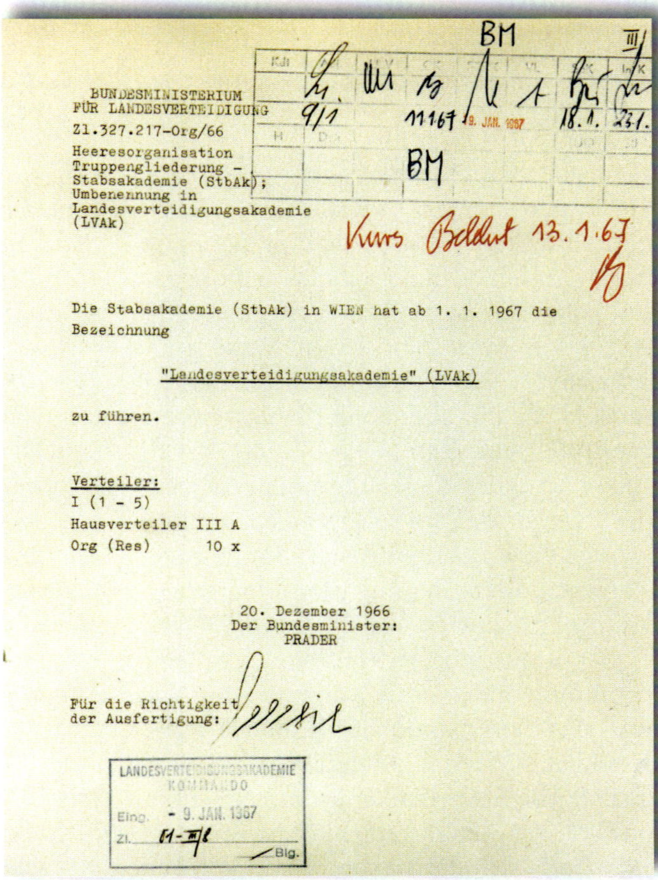
BUNDESMINISTERIUM
FÜR LANDESVERTEIDIGUNG
Zl.327.217-Org/66
Heeresorganisation
Truppengliederung –
Stabsakademie (StbAk);
Umbenennung in
Landesverteidigungsakademie
(LVAk)

Die Stabsakademie (StbAk) in WIEN hat ab 1. 1. 1967 die Bezeichnung

"Landesverteidigungsakademie" (LVAk)

zu führen.

Verteiler:
I (1 - 5)
Hausverteiler III A
Org (Res) 10 x

20. Dezember 1966
Der Bundesminister:
PRADER

Für die Richtigkeit
der Ausfertigung:

LANDESVERTEIDIGUNGSAKADEMIE
KOMMANDO
Eing. - 9. JAN. 1967

Der amtliche Text konnte kürzer kaum sein: die Umbenennung der Stabsakademie in „Landesverteidigungsakademie" mit 1. Jänner 1967.

The official renaming of the Staff Academy into 'National Defence Academy', effective as of 1 January 1967.

Das Personal des Kommandos Offizierskurse um 1961. In der ersten Reihe von links die Wachtmeister Badin und Schwaiger, Major Handler, Frau Riedlsberger, Oberst dG Dr. Duic, Frau Neumüller, Major Köckeis, Major Scholik und Zugsführer Otto.
The Higher Officer Courses staff, ca. 1961. In the centre the commandant, Colonel Dr. Duic.

neralstabsdienstes“ bzw. „dG“) Ing. Josef Heck, geführt. 1957 wurde Oberstleutnant dhmD Dr. Mario Duic Kommandant der höheren Offizierskurse. Schon im Frühjahr 1957 begann der erste Generalstabskurs – noch in höchstem Maße „improvisiert“, wie sich Mario Duic später erinnerte, dafür aber von „Pionierzeitoptimismus“ getragen.
Am 7. August 1961 übernahm Oberst des Generalstabes Albert Bach, der wie Dr. Duic aus dem Ersten Bundesheer stammte und der in der deutschen Wehrmacht zuletzt als Oberst der erste Generalstabsoffizier (Ia) im Armeeoberkommando 16 in Kurland gewesen war, das Kommando der höheren Offizierskurse. Mit 1. Oktober 1961 wurde es formal zur Stabsakademie umgegliedert und von der Militärakademie getrennt. Seit 1956 hatte sich der Personalstand immerhin fast verdreifacht – von zuerst sieben auf knapp 20 Personen einschließlich der zugeteilten Grundwehrdiener. Der neue Organisationsplan für die Stabsakademie

renamed the National Defence Academy, it regained its old name of 'Theresian Military Academy', recalling its foundation under Maria Theresia in 1752.)
A new branch for higher officers' further training was established in Vienna in September 1956. It included those who had served in the war (mainly in the Wehrmacht, although a handful had fought with the Allies) as well as the younger ones who had started their military service in the gendarmerie or the new army. Called 'Higher Officer Courses Command', it was first led directly by the commandant of the Military Academy, Colonel Josef Heck, and remained a branch of the Military Academy until 1961. In 1957 Lieutenant Colonel Dr. Mario Duic was put in charge. The first general staff course started in spring 1957 – under highly improvised circumstances, but inspired by an 'optimistic pioneer spirit', as Duic later recalled.
On 7 August 1961, Colonel Albert Bach became the new director of the Higher Officers' Courses Command. Like Duic, Bach had received his military training in the Austrian

sah eine Aufstockung auf 51 Personen vor. Die Stabsakademie verstand sich als „die eigentliche Hochschule der österreichischen Armee" mit der Aufgabe, „das Wissen zu erarbeiten und weiterzugeben, das die Armeeführung zur Erfüllung [ihrer] Aufgabe braucht". Charakteristisch für diese Zeit war nicht nur die allgegenwärtige Improvisation angesichts der bescheidenen Mittel, sondern auch eine starke Beteiligung des Akademiepersonals an den Kursen. So gestaltete Oberst Bach selbst den wehrpolitischen Unterricht (zu dem gelegentlich sogar der Minister und der Generaltruppeninspektor erschienen) und den operativen Generalstabsdienst.

Army of the inter-war years, and had served in various staff functions during the war. In 1945, he had been chief of staff of the German 16th Army in Kurland in the eastern Baltic, and had then spent two years in a Soviet prisoner-of-war camp. Effective as of 1 October 1961, the Command became the Austrian Armed Forces' Staff Academy. Since 1956, the number of personnel had almost tripled from seven to around twenty by 1961, including officers, civilian staff, and other ranks. The new Staff Academy would eventually have no fewer than fifty one, all ranks included.

The Staff Academy perceived itself as the university of the armed forces, tasked to create and teach all the skills the army leadership needed. Given the scarce resources, it was a time of constant improvisation. Members of the academy staff doubled as teachers. Even the commandant, Colonel Bach, taught courses on operations and 'armed forces and society' – the latter occasionally attended by the minister and the army chief of staff.

Vom Schutz der Grenzen zur Umfassenden Landesverteidigung

Das neue Heer entstand 1955/56 auf der Grundlage der Allgemeinen Wehrpflicht (in der Dauer von zunächst neun Monaten) mit einer starken Berufskomponente (Offiziere und Unteroffiziere). Die Aufgaben des Bundesheeres wurden aus der Ersten Republik übernommen: der Schutz der Grenzen und die Unterstützung der verfassungsmäßigen Gewalt bei inneren Unruhen sowie die Hilfe bei Katastrophen. Während für die Österreicher stets die Verteidigungsfähigkeit im Vordergrund stand, war für die westlichen Alliierten die Möglichkeit der inneren Assistenzeinsätze das Hauptmotiv gewesen, den Aufbau des Bundesheeres im Rahmen der „B-Gendarmerie" schon während der Besatzungszeit vorzubereiten und zu unterstützen: Österreich sollte nach dem Abzug der Besatzungstruppen

From Border Protection to Comprehensive National Defence

The new Austrian army was established in 1955/56 on the basis of mandatory national service for all able males (nine months, with call-ups for refresher training for the reserves), and a professional cadre of officers and non-commissioned officers (NCOs). The army's tasks were taken over from the inter-war years: border protection and aid to the civil powers in case of internal disturbance or natural disasters. For the Austrians, external defence was always seen as the main mission. For the western Allies, however, who had already assisted in the creation of the Special Gendarmerie programme of the occupation period, the main task of the army was to prevent a 'military vacuum' which might have made possible a communist coup d'état after the withdrawal of occupation forces.

In fact, the first deployment of the new army was to assist the civil powers, but in the con-

nicht schutzlos als ein „militärisches Vakuum" einem (kommunistischen) Putschversuch ausgesetzt werden.

Tatsächlich war der erste Einsatz des Bundesheeres, während der Ungarnkrise im Oktober und November 1956, ein Assistenzeinsatz, freilich nicht gegen einen inneren Gegner, sondern zur Unterstützung der Gendarmerie bei der Überwachung der Grenze und bei der Aufnahme der rund 180.000 Flüchtlinge, die nach Österreich kamen. Schon der Einsatz 1956 zeigte aber, dass der Auftrag „zum Schutz der Grenze" zu kurz griff – als man am 5. November 1956 (wie wir heute wissen: unbegründet) einen sowjetischen Übergriff auf österreichisches Territorium befürchtete, zogen sich die eingesetzten Truppen von der Grenze in weiter zurückliegende Stellungen zurück, um wenigstens eine kurze Verteidigung zu ermöglichen.

Überhaupt war man sich rasch klar, dass die Landesverteidigung im Zeitalter des „totalen Krieges", wie er insbesondere im Zweiten Weltkrieg nicht nur die Front, sondern auch das Hinterland erfasste, über den bloßen militärischen Schutz der Grenzen hinausgehen musste. Analog zu

text of an external crisis. During the Hungarian Uprising of October and November 1956, some 180,000 refugees fled into Austria. The nascent armed forces (the majority of the young recruits having joined just ten days before the crisis erupted) assisted the police in patrolling the border and taking care of the refugees. But it was already becoming clear by this point in the mid-20th century that a policy of 'border protection' would no longer suffice as adequate defence. For example, when the Austrian army command feared Soviet troop movements onto Austrian soil (fears that proved to be unfounded, but which caused significant alarm at the time), Austrian units were actually moved back from the borders, towards more easily defensible positions.

In an age of 'total war', national defence clearly had to be based on a much wider concept than border protection in a narrow sense. War was no longer limited to front-lines, but would reach the hinterland, causing destruction and suffering to the civilian population as well. Following the examples of other neutral countries such as Switzerland ('total resistance'), Sweden or Finland ('total defence'), Austria developed a concept of 'comprehensive national defence' (in German: Umfassende Landesverteidigung, or ULV). This included psychological, civilian, and economic components in addition to purely military measures. The concept was formally approved by the government in mid 1961. The Ministry of Education was responsible for psychological defence, the Ministry of the Interior for civilian components, and the Ministry of Commerce for economic aspects, while the Ministry of Defence remained in charge of military affairs, and – in conjunction with the Ministry of the Interior – had a co-ordinating function.

Der Einsatz während der Ungarnkrise im Spätherbst 1956 zeigte deutlich, dass der ursprüngliche Auftrag zum „Schutz der Grenzen" zu kurz griff (Spähpanzer M-8 bei Halbturn).

The deployment of improvised army units during the 'Hungarian Crisis' of 1956 showed clearly that the original mission of 'border defence' was too limited. (M-8 scout car at Halbturn, close to the Hungarian border).

Vorbildern in der Schweiz („totaler Widerstand“), in Schweden und Finnland („totale Verteidigung“) wurde in Österreich das Konzept einer „Umfassenden Landesverteidigung“ (ULV) entwickelt, mit einer geistig-psychologischen, einer zivilen und einer wirtschaftlichen neben der militärischen Komponente. Der Ministerrat genehmigte dieses Konzept im Sommer 1961; zuständig für die einzelnen Bereiche waren das Unterrichtsministerium für die geistige, das Innenressort für die zivile, das Ministerium für Handel und Wiederaufbau für die wirtschaftliche und das Verteidigungsministerium für die militärische Landesverteidigung.

Die Stabsakademie sollte nach diesem Plan neben der höheren Offiziersausbildung auch zivile Führungskräfte aus der Verwaltung wie aus der Wirtschaft in die Bedürfnisse der Umfassenden Landesverteidigung einführen. Dafür entstand neben der Abteilung „Höhere Offizierskurse“ (für höhere Fortbildungs-, Generalstabs-, Intendanz-, Stabsoffiziers- und Sprachkurse) eine eigene ULV-Abteilung. 1963 wurde Oberst des Generalstabes

Under this concept, the Staff Academy was tasked to prepare civilian specialists from the administration (at both federal and provincial levels) and the economy, in addition to its main task of higher officer training. Therefore, an 'ULV department' was established alongside the 'department for higher officer courses' (which catered for general staff and other officers, as well as providing language courses). In 1963, Colonel Emil Spannocchi became the new commandant of the Staff Academy. Already as commander of the 9th Armoured Brigade he had organised a command exercise together with the Academy in 1962. He had received his officer training in the inter-war years and had served in the cavalry and in various staff functions during the war, including the 2nd Panzer Division. After the war, he worked for some time in the private sector before joining the Special Gendarmerie. As commandant of the Tank Training School and then of the 9th Armoured Brigade, he was from the beginning involved in the creation of the armoured forces, and must rank as one of the foremost military thinkers in Austria. As commandant of the Staff Academy, and later as army commander, the development of the

Unterricht abseits des Hörsaals: Einweisung am Großglockner während der „Taktischen Reise“ des 3. Generalstabskurses 1962. V.l.n.r. Major Otto Scholik, Akademiekommandant Oberst dG Albert Bach, Hofrat Dipl.-Ing. Wallack (Planungschef der Großglockner-Hochalpenstraßen AG), Kurskommandant Oberst dG Hellmut Berger und Major Alexius Batthyan.

Staff ride of the 3rd General Staff Course near the Großglockner, Austria's highest mountain. Second from left is the Academy's Commandant, Colonel Albert Bach.

Emil Spannocchi, zweifellos einer der bemerkenswertesten Denker des Bundesheeres, Kommandant der Stabsakademie. Spannocchi hatte seine Offiziersausbildung noch im Ersten Bundesheer erhalten und war im Krieg zuletzt Zweiter Generalstabsoffizier (Ib, d.h. Leiter der Quartiermeisterabteilung) bei der 2. Panzerdivision gewesen. Nach einer Zeit in der Privatwirtschaft trat er in die B-Gendarmerie ein und war als Kommandant der Panzertruppenschule und dann der 9. Panzergrenadierbrigade führend am Aufbau der mechanisierten Truppe des Bundesheeres beteiligt. Der weitere Ausbau der Umfassenden Landesverteidigung und die Entwicklung eines glaubwürdigen (militärischen) Verteidigungskonzepts gehörten zu seinen besonderen Anliegen.

Im April 1965 wurde an der Akademie die Umfassende Landesverteidigung offiziell als „Lehrgruppe II" gleichwertig neben die Lehrgruppe I (Höhere Offiziersausbildung) gestellt. Damit setzte sich die seit 1961/62 eingeleitete Entwicklung fort, die den geänderten Bedürfnissen eines umfassenden Sicherheitsbegriffes in einer Zeit umfassender Bedrohungen Rechnung trug. Neben speziellen Seminaren für zivile Führungskräfte im Sinne der ULV wurde die Zusammenarbeit zwischen zivilen und militärischen Stellen immer wichtiger. Militärische und zivile Führungskräfte sollten – im Sinne einer gemeinsamen Landesverteidigung – auf Grundlage einer gemeinsamen Schulung „eine gemeinsame Sprache" sprechen und gemeinsam die anstehenden Fragen bearbeiten. Vor allem Verteidigungsminister Dr. Georg Prader (ÖVP, 1964-70) war der Aufbau der Umfassenden Landesverteidigung ein ehrliches Anliegen.

concept of 'comprehensive national defence' in tandem with a credible military defence was his most important achievement.

In April 1965, the 'comprehensive defence' department at the Academy was formally renamed Training Group II and thus placed on equal footing with higher officers' training (Training Group I). This was a logical continuation of the vision of 1961/62. Given the changing conditions of the sixties, 'security' was taking on a wider meaning, going beyond purely military concerns. Co-operation between civilian and military institutions gained in importance, with the aim of creating a 'common language' understood by all involved. Seminars on comprehensive defence were organised for civil servants. The entrenchment of the concept of 'comprehensive national defence' was one of the main goals of defence minister Georg Prader (of the conservative People's Party, 1964-70).

Am 14. Juni 1968 besuchte Bundesminister Dr. Georg Prader die Landesverteidigungsakademie; neben ihm Generalmajor Emil Spannocchi.

On 14 June 1968, Defence Minister Dr. Georg Prader visited the National Defence Academy, seen here next to Major General Emil Spannocchi.

Die Schaffung der Landesverteidigungsakademie 1967 und der weitere Ausbau

Die Umbenennung der Stabsakademie in Landesverteidigungsakademie mit 1. Jänner 1967 war zugleich eine nachträgliche Anerkennung der Entwicklung, die die Akademie im Zeichen der Umfassenden Landesverteidigung seit 1961/62 genommen hatte, wie auch die programmatische Entscheidung, diese Entwicklung verstärkt fortzusetzen.

Schon früh hatte es erste Ansätze gegeben, die Lehr- und Informationstätigkeit der Akademie durch eine entsprechende Bibliothek und Dokumentation zu unterstützen. Eine besondere Zusammenarbeit bestand mit der von Dr. Joh. Christoph Allmayer-Beck geleiteten Militärwissenschaftlichen Abteilung des Ministeriums. Allmayer-Beck unterrichtete – als Generalstabsoffizier des Zweiten Weltkrieges und prominentester Militärhistoriker Österreichs – auch selbst an der Akademie. Persönlichkeiten aus Politik, Wissenschaft und Wirtschaft wurden zu Gastvorträgen eingeladen.

Da die Militärwissenschaftliche Abteilung (heute Militärgeschichtliche Forschungsabteilung) 1965 Teil des Heeresgeschichtlichen Museums wurde und neben aktuellen Fragen zunehmend historische Themen bearbeitete, bestand verstärkter Bedarf nach militärischer Grundlagenforschung. Ein entsprechendes Institut wurde schließlich mit 1. Mai 1968 als „Lehrgruppe III" eingerichtet und umfasste die Bibliothek und Dokumentation sowie eine Forschungskomponente. Aufgabe war es, das aktuelle Kriegsbild insbesondere im Hinblick auf die österreichische Landesverteidigung und gesellschaftliche und politische Auswirkungen zu erforschen. Leiter war Oberst des Generalstabes Günther Hoy, der im Weltkrieg als Offizier der Kosaken gedient und dann zehn Jahre in sowjeti-

The Establishment of the National Defence Academy in 1967 and Its Further Development

The renaming of the National Defence Academy, effective as of 1 January 1967, was at the same time a consequence of the above-mentioned developments and the programmatic decision to continue and deepen this process.

In the early sixties, initial efforts had been made to support the teaching and information activities of the Academy with a small library and documentation section. There was close co-operation with the general staff's 'Military Studies Department', headed by Dr. Joh. Christoph Allmayer-Beck, a former staff officer in the Wehrmacht and Austria's leading military historian, who was also a guest lecturer at the Academy. Guest lecturers included many prominent personalities from political and business life and academia.

The Military Studies Department (now the Military Historical Research Department) was transferred to the Army Museum in 1965 and consequently switched its emphasis to more historical topics. As a result, the

Mit Erlass vom 25. November 1967 erhielt die Akademie offiziell ihr Wappen (Auszug aus dem Verlautbarungsblatt 199, 18. Folge 1967).
In 1967, the National Defence Academy received its coat of arms.

scher Kriegsgefangenschaft verbracht hatte. Er baute die Forschungskomponente mit den jungen Historikern Dr. Rudolf Hecht und Dr. Heinz Magenheimer sowie dem Juristen und Staatswissenschaftler DDr. Heinz Vetschera auf.
Die Entwicklung der Bibliothek und Dokumentation nahm eine entscheidende Wende, als ein Angehöriger des 6. Generalstabskurses, Hauptmann Rüdiger Stillfried, als Thema seiner Militärwissenschaftlichen Arbeit die Anwendung EDV-gestützter Dokumentationssysteme im militärischen Bereich untersuchte und diese probeweise im Rahmen der Dokumentation des Instituts umsetzte. Dies führte ab 1972 zum Aufbau der Zentraldokumentation im Rahmen des Instituts, mit den beiden Komponenten „Input" (geleitet von Dr. Friedrich Fritz) und „Output" (geleitet von Walter Badin, einem langjährigen Angehörigen der Akademie). Mehr zufällig als geplant entwickelte sich eine fruchtbare Zusammen-

need for an institute of military studies at the Academy became increasingly apparent. This was finally established on 1 May 1968 as Training Group III, headed by Colonel Günther Hoy, who had served with the Cossacks in the Second World War and had subsequently spent ten years in Soviet prisoner-of-war camps. He established the research branch for the new institute with two young military historians, Dr. Rudolf Hecht and Dr. Heinz Magenheimer, and Dr. Heinz Vetschera, a lawyer and specialist in international law. The aim was to establish a complete overview of military developments and their relevance for Austrian national defence, including the role of the military within society and political considerations.
The library and documentation branch profitted from a thesis on IT-supported documentation and its military applications, prepared by Captain Rüdiger Stillfried as a participant in the 6th General Staff Course. He used the Institute's documentation section

Feierliche Dekretübergabe an die Absolventen des 4. Intendanzkurses (1970) – die Offiziere tragen noch die damals vorgeschriebene „Feldbinde" zur Uniform.
Graduation ceremony for the participants of the 4th Higher Quartermaster & Legal Advisor Course (1970).

arbeit mit der Österreich-Filiale von IBM, aus der ein neues System einer EDV-gestützten Literaturdokumentation entstand, das weltweit führend war. Die „direkte Abfrage von Dokumenten" (DADOK) wurde zur Grundlage der „Zentraldokumentation" (ZentDok) an der Landesverteidigungsakademie. Schon um 1975 wurden rund 1000 Zeitungen und Zeitschriften ausgewertet und wichtige Beiträge auf Mikrofilm erfasst.

In die späten sechziger Jahre fiel nicht nur die Schaffung der Landesverteidigungsakademie, sondern auch eine weltweite Aufbruchs- und Protestwelle. Nach Wiederaufbau und Wirtschaftswunder rebellierte eine neue Generation gegen die vermeintlichen Zwänge der Elterngeneration und den angeblichen „Mief von 1000 Jahren unter den Talaren" der akademischen Lehre. „Paris 1968" wurde zum Schlagwort einer Bewegung, die sich gegen echte und vermeintliche Ungerechtigkeiten in Europa ebenso richtete wie gegen die Regierung von Schah Reza Pahlavi im Iran und die US-Intervention in Vietnam. Ausläufer dieser Protestwelle erreichten auch den Ostblock – im August 1968 allerdings wurde der „Prager Frühling" brutal von Interventionstruppen des Warschauer Paktes niedergeschlagen.

for trial purposes. From 1972, the 'Central Documentation' branch was established, with the two sections of 'Input' (under Dr. Friedrich Fritz, who had formerly served at the Army Museum) and 'Output' (headed by Walter Badin, one of the longest-serving members of the Academy). More by accident than by planning, a successful co-operation began with the Austrian branch of IBM, which at the time was developing data bases for scientific research. From the co-operation between the National Defence Academy and IBM, a new computer-based data base for literature was developed, which was consequently applied world-wide. The 'direct request for documents' became the basis of what is now the Academy's Central Documentation and Information Department. By 1975, already some 1,000 newspapers and magazines were being read and interesting articles scanned and stored on microfilm.

The establishment of the National Defence Academy during the late sixties coincided with a time of protest and renewal all over the world. Following the period of reconstruction and the 'Wirtschaftswunder' (Europe's 'miraculous' recovery and economic prosperity after the war), a new generation rebelled against what they saw as their parents' encrusted society. 'Paris 1968' became a catchphrase for student protests all over the world, demonstrating against 'repressive' conditions in Europe as well as against the Vietnam War or the regime of Shah Reza Pahlavi in Iran. This movement even affected Eastern Europe, but the 'Prague Spring' proved short-lived and was brutally repressed by Warsaw Pact forces in August 1968.

Die Intervention von Truppen des Warschauer Paktes in der CSSR im August 1968 bedeutete auch für Österreich die neuerliche Konfrontation mit einer Krise in der Nachbarschaft. Das Bild links zeigt die Alarmierung von Fliegerabwehrgeschützen auf Selbstfahrlafette M-42 in der Martinek-Kaserne in Baden bei Wien.

For Austria, the Warsaw Pact intervention in Czechoslovakia signalled a new crisis in the neighbourhood. The picture shows M-42 self-propelled AA guns at Martinek Barracks in Baden during the alarm in August 1968.

Zeit der Reformen und der Konsolidierung

Times of Reform and Consolidation

Angesichts der Vertrauenskrise inner- wie außerhalb des Bundesheeres erörterte die Bundesheer-Reformkommission 1970/71 notwendige Reformen.

In 1970-71, the Army Reform Commission discussed necessary reforms to overcome the lack of confidence both within and outside the armed forces.

In Österreich brachte die CSSR-Krise 1968 neue Tage der Anspannung und eine neue Flüchtlingswelle. Das Heeres-Nachrichtenamt hatte richtig erkannt, dass – ähnlich wie schon 1956 anlässlich der Ungarnkrise – keine Gefahr eines Übergreifens der sowjetischen Operationen auf Österreich bestand. Für die Verbände des Bundesheeres, die eigentlich die Gendarmerie in der Flüchtlingsaufnahme unterstützen sollten, wurde eine Entfernung von 30 Kilometern zur Grenze angeordnet. Der gerade für solche Fälle vorgesehene Grenzschutz (aus Reservisten, die in Grenznähe wohnten) wurde nicht einberufen; die grenznahe Garnison Weitra im Waldviertel wurde sogar geräumt.

Mochte die Absicht, durch bewusste Absenz jeden Zwischenfall an der Grenze zu vermeiden, auch nachvollziehbar sein – die Gründe für diese Entscheidung wurden inner- und außerhalb des Bundesheeres nicht kommuniziert und sorgten gerade in einer Zeit, in der seine Existenzberechtigung ohnedies zunehmend hinterfragt wurde, für Unverständnis. In der Folge verstärkte sich die Kritik am Bundesheer und am „Leerlauf" während der Ausbildung. Der Slogan „Sechs Monate sind genug!", mit dem die SPÖ für eine Verkürzung der Präsenzdienstzeit von neun auf sechs Monate eintrat, trug zum Wahlsieg der SPÖ in den Wahlen 1970 bei. Dies brachte eine signifikante Änderung der politischen Landschaft in Österreich: nach 21 Jahren großer Koalition von ÖVP und SPÖ (1945-66) und der ÖVP-Alleinregierung von 1966 bis

In Austria, the Czechoslovak crisis of 1968 brought a new phase of tension in the neighbourhood, and thousands of refugees crossed the border. The Austrian military intelligence service had correctly concluded that, like during the Hungarian crisis of 1956, there was no immediate danger of Soviet or Warsaw Pact ground movements directed against Austria. Although the Austrian Armed Forces had originally received orders to support the police and assist the refugees, the government eventually decided to order the military to keep a distance of some 30 km (19 miles) from the borders in order to prevent any escalation of border incidents. The 'Border Protection' corps (formed from reservists living close to the border) was not mobilised, and the army even had to withdraw from the small barracks at Weitra, close to the Czech border.

The idea to de-escalate possible tensions at the border might have been debatable, but the reasons for this decision were not communicated, either within the Armed Forces or beyond. This led to a veritable credibility crisis – why should a country maintain a costly army when it was not to be seen at the border in time of need?

1970 begann die Zeit der SPÖ-Alleinregierung, die bis 1983 dauern sollte, gefolgt von SPÖ-dominierten Koalitionen bis Anfang 2000.
Für das Bundesheer bedeutete der Regierungswechsel den Beginn großer Reformen. Als Verteidigungsminister bestellte die SPÖ in der Folge erfahrene Militärs – die Brigadiere Johann Freihsler und Karl Lütgendorf – und dann den kriegsgedienten Reserveoffizier (und früheren Staatssekretär) Otto Rösch, dem das Bundesheer ein besonderes Anliegen war.
Schon kurz nach der Übernahme der Regierung setzte Bundeskanzler Dr. Bruno Kreisky 1970 eine Bundesheer-Reformkommission ein. 1971 wurde der Präsenzdienst von neun auf sechs Monate (plus zwei Monate Waffenübungen) verkürzt, alternativ konnten die acht Monate auch in einem absolviert werden. Seit 1975 bestand die Möglichkeit zur Ableistung eines „Zivildienstes" bei humanitären Organisationen usw. (bis 1993 mit „Gewissensprüfung" durch eine Kommission, danach längere Dauer des Zivildienstes).
Die Reformkommission empfahl auch weit reichende Strukturreformen. Dazu gehörte die Errichtung eines eigenen Armeekommandos als Führungsinstrument, das 1973 aus dem bisherigen Gruppenkommando I in Wien aufgestellt wurde (es wurde dann 1978 als Sektion III in das Ministerium eingegliedert und mit 1. Juli 1991 aufgelöst). Statt der bisherigen drei Gruppen (Wien, Graz und Salzburg) wurden zwei Korps (Graz und Salzburg) geschaffen und dem Armeekommando unterstellt.

Neben dem Stab und den Kursteilnehmern bilden die – oft hoch qualifizierten – Grundwehrdiener ein drittes wesentliches Element der Akademie. Im Bild die Verabschiedung durch Generalmajor Spannocchi nach Abschluss ihres Präsenzdienstes am 14. Juli 1970.
In addition to staff and students, the – often highly qualified – young national servicemen are the third main personnel resource of the National Defence Academy. The picture shows the formal farewell by the Commandant, Major General Spannocchi, after completion of their service, 14 July 1970.

Criticism of the military in general and of 'time wasted' during soldiers' basic training in particular became louder, and some even called for a referendum to abolish the army. In the national elections of 1970, the slogan 'six months of national service are enough' (instead of nine months) contributed to the election victory of the Social Democrats. After 21 years of coalition governments led by the conservative People's Party (ÖVP) from 1945 to 1966, and a conservative government in 1966-70, the 1970 elections initiated a period of Social Democratic governments from 1970-83, followed by coalition governments led by the Social Democrats from 1983 to 2000.
For the Austrian Armed Forces, this was a time of major reforms. Two generals – Johann Freihsler and Karl Lütgendorf – were appointed as ministers of defence, followed by a reserve officer (and former secretary of state for defence), Otto Rösch, who had served in the Second World War.
Already in the first months after forming the new government, Federal Chancellor Bruno Kreisky established a Reform Commission to discuss necessary defence reforms.

Die modern ausgerüstete Bereitschaftstruppe mit Panzer-, Luftstreit- und Luftlandekräften wurde zum schnell verfügbaren Element der Landesverteidigung. Hubschrauber Agusta Bell 204B bei einer Luftlandeübung.
The modern 'Readiness Forces' with armoured, air, and airmobile units became the backbone of national defence in the seventies and eighties. Agusta Bell 204B helicopter during an exercise.

Zur schnellen Reaktion im Krisen- und Neutralitätsfall wurde eine neue Bereitschaftstruppe („BT") geschaffen, die die Masse der mechanisierten Truppe, die Jägerbataillone 21, 25 und 26 sowie die Luftstreitkräfte (Fliegerdivision) umfasste. Zunächst war die Aufstellung zweier Divisionen vorgesehen gewesen, doch scheiterte dies am Mangel an Personal – es blieb bei der (einzigen) Panzergrenadierdivision, mit den drei Panzergrenadierbrigaden (3., 4. und 9.).
Neben der Bereitschaftstruppe sollte die Landwehr, abgestützt auf Reservisten, ein ausreichendes Potenzial zur Landesverteidigung gewährleisten. Insgesamt rechnete man im Falle einer Mobilmachung mit 360.000, ja sogar 400.000 Mann. Abgestützt war die nach Schweizer Vorbild als „Miliz" bezeichnete Organisation auf die Militärkommanden und die Landwehr. Die mobile Landwehr umfasste acht Jägerbrigaden, die raumgebundene Landwehr 30 Landwehr- (stamm-) regimenter sowie zahlreiche Wach- und Sicherungskompanien für den Objektschutz.

In 1971 national service was shortened from nine to six months (plus a subsequent two months of refresher training); alternatively, recruits could opt to serve the total of eight months in one straight term. In 1975, conscientious objectors were given the option to perform an 'alternative civilian service' with humanitarian organisations (before, they could only opt for unarmed service within the army). Candidates had to pass a 'test of conscience' in front of a commission, which was abolished in 1993 in favour of slightly extending the length of 'alternative service'.
The Reform Commission also recommended establishing a central army command, which was formed in 1973 in the place of former Group Command I in Vienna. (The Army Command became part of the ministry in 1978, only to be eventually disbanded in July 1991.) Instead of three group commands (Vienna, Graz and Salzburg), two corps commands were established in Graz and Salzburg and subordinated to the Army Command.
As part of the army reforms, a 'Readiness Force' was established, which included the mass of the armoured troops, specialised mountain and pa-

Hintergrund für diese Reformen war das Konzept der „Raumverteidigung“, das vom Kommandanten der Landesverteidigungsakademie, Generalmajor (später General der Panzertruppe) Emil Spannocchi, als Konsequenz auf die militärischen Entwicklungen seit dem Ende des Zweiten Weltkriegs und in der intellektuellen Freiheit der Akademie entwickelt worden war. Diese „Spannocchi-Doktrin“ bedeutete eine radikale Abkehr von den bisherigen Vorstellungen einer grenznahen Verteidigung durch gepanzerte Verbände. Ein möglicher Aggressor sollte nicht in einer großen Verteidigungsschlacht besiegt werden („keine Panzerschlacht bei Hollabrunn!“), wofür die materiellen und personellen Voraussetzungen fehlten, sondern durch stetige Überfälle, Hinterhalte und Störaktionen auf Nachschublinien zermürbt werden. Damit sollte der potenzielle Gegner von vornherein davon abgehalten werden, einen Durchmarsch durch Österreich zu versuchen („hoher Eintritts-, hoher Durchmarsch- und hoher Aufenthaltspreis“). Diese Überlegungen waren nicht zuletzt von den zeitgenössischen Erfahrungen in Vietnam und auf anderen Kriegsschauplätzen beeinflusst, wo es

rachute units (Jäger Battalions 21, 25 and 26) as well as the air force. Original plans had called for two divisions (one armoured, one infantry), but eventually only the Armoured Division came into being (with the 3rd, 4th and 9th Armoured Brigades).

The Readiness Force was supported by the Territorial Defence Force (Landwehr), consisting mainly of reservists, to provide sufficient manpower. Some estimates called for total figures of 360,000 or even 400,000 men upon mobilisation. The whole organisation was called the 'Miliz' after the Swiss model and consisted of eight infantry brigades, thirty territorial defence regiments plus additional guard and security companies.

The concept of 'area defence' had been developed by the commandant of the National Defence Academy, Major General (later General) Emil Spannocchi, in the intellectually creative atmosphere of the Academy, and was thus dubbed the 'Spannocchi doctrine'. It held that a potential aggressor should not be repelled in a large defensive battle with armoured forces close to the borders, for which the Austrian Armed Forces lacked personnel as well as material resources. Instead, he would face continuous delaying actions as well as attacks against his lines of communications, even after occupying large parts of the country. He would

Die „Raumverteidigung“ stützte sich auf eine Vielzahl „fester Anlagen“ (hier mit einem „Centurion“-Panzerturm mit 10,5 cm-Kanone).

'Area defence' included a number of well-concealed pill boxes equipped with tank turrets (here, from a 105 mm 'Centurion' main battle tank).

kleinen, aber entschlossenen Gruppen von Partisanen gelang, technisch und an Stärke weit überlegenen Streitkräften die Stirn zu bieten. Die Übertragbarkeit derartiger Erfahrungen auf Mitteleuropa wurde zwar von mancher Seite angezweifelt, doch galt die Raumverteidigung auch im Ausland als durchaus glaubhaftes Konzept.

Die Umfassende Landesverteidigung wurde in der Bundesverfassung verankert und der gesetzliche Auftrag des Bundesheeres vom „Schutz der Grenzen" zur „Landesverteidigung" erweitert. In diesem Zusammenhang ist auch der Landesverteidigungsplan zu nennen, der 1975 beschlossen und in den Folgejahren ergänzt wurde. Er wurde 1986 veröffentlicht.

Emil Spannocchi wurde am 1. Juli 1973 in die neue Position des Armeekommandanten berufen. Mit ihm verließen auch die bisherigen Institutsleiter, Generalmajor Kuntner (Leiter des ULV-Instituts und

thus be discouraged from invading Austrian territory at all, knowing that doing so would entail a high 'price of entry', 'price of transit' and 'price of staying'. This concept was influenced by successes gained by guerrilla forces in Vietnam and elsewhere against superior regular forces. Some contemporaries questioned whether it made sense to transfer models, which might have worked in the jungles of Southeast Asia, to densely-populated central Europe. All in all, however, 'area defence' was seen as credible, even abroad.

'Comprehensive National Defence' became an amendment to the constitution, and the Armed Forces' mission was formally extended from mere 'protection of the borders' to 'national defence'. A National Defence Plan was officially approved in 1975 and augmented during the years that followed to include four elements: psychological, civilian, economic, and military defence. It was published in 1986.

Emil Spannocchi became army commander in 1973. Together with him, the heads of the Academy's three institues - Major General Kunt-

Hoher Besuch: der Außenminister und spätere Bundespräsident Dr. Rudolf Kirchschläger (im Zweiten Weltkrieg selbst Offizier) an der Landesverteidigungsakademie (14. März 1974).

Foreign Minister (later Federal President) Dr. Rudolf Kirchschläger visiting the Academy, 14 March 1974. Kirchschläger himself had been a captain in the Second World War.

General Emil Spannocchi (Akademie-, dann Armeekommandant) gilt als Schöpfer der „Raumverteidigung" – hier bei der Einweisung in die Ausgangslage der großen „Raumverteidigungsübung" 1979.
General Emil Spannocchi (commandant of the National Defence Academy 1963-73 and subsequently Army Commander 1973-81) is credited with 'inventing' the 'area defence' concept. He is shown here during the major 'area defence' exercise of 1979.

stellvertretender Kommandant), Oberst des Generalstabes Hoy (Leiter des Instituts für Militärische Grundlagenforschung) und Oberst des Generalstabes Friedrich Adrario (Leiter der Lehrgruppe für Höhere Offiziersausbildung), die Akademie.
Neuer Kommandant der Landesverteidigungsakademie wurde Generalmajor Dr. Mario Duic, der bereits 1957 bis 1961 die höheren Offizierskurse geleitet hatte. Er war von 1. Juli 1973 bis 30. September 1975 Kommandant dieser, wie er rückblickend meinte, damals bereits „sehr ausgereiften" Akademie.
An die Stelle von Oberst Hoy als Leiter des Instituts für Militärische Grundlagenforschung trat Oberst (später Divisionär bzw. Generalmajor) Franz Freistetter, ein erfahrener Offizier der Panzertruppenschule und hochbegabter Autodidakt des militärischen Fachjournalismus, der seit

ner, the deputy commandant, and colonels Hoy and Adrario - left the Academy.
In July 1973, Major General Mario Duic became commandant of the National Defence Academy. He had already been in charge of the Higher Officer Courses between 1957 and 1961, and noted that, compared with its beginnings fifteen years earlier, the Academy had 'considerably matured'.
New head of the Institute for Military Research became Colonel (later Major General) Franz Freistetter, an experienced officer from the Armour School and self-taught specialist for military publications. Since 1969, he had been editor-in-chief of the respected Austrian Military Journal (Österreichische Militärische Zeitschrift).
This Journal traces its origins to the magazine established by Archduke Charles in 1808, during the Napoleonic Wars. (A son of Emperor Francis, Charles was a successful military

1969 Chefredakteur der „Österreichischen Militärischen Zeitschrift" war. Diese traditionsreiche Fachzeitschrift lässt sich immerhin auf die gleichnamige Publikation zurückführen, die Erzherzog Carl 1808 begründet hatte. Auch danach genoss sie in ganz Europa einen hervorragenden Ruf. Mit der Aufstellung des Zweiten Bundesheeres zeigte sich erneut die Notwendigkeit eines seriösen, wissenschaftlich gestalteten Mediums für die Information und Fortbildung der Offiziere. Seit 1957 erschienen die Hefte „Für den Kommandanten", ab 1960 die Zeitschrift „Landesverteidigung". Aus diesen Anfängen entstanden 1962/63 zwei Zeitschriften auf hohem Niveau: der von der „Arbeitsgemeinschaft Truppendienst" um Hofrat Dr. Friedrich Wiener im Rahmen der Ausbildungsabteilung des Ministeriums herausgegebene „Truppendienst" (für Offiziere und Unteroffiziere, insbesondere auch für die Angehörigen des Reservestandes) und die „Österreichische Militärische Zeitschrift" (ÖMZ), die von Hauptmann a.D. Gustav Stöckelle gestaltet wurde. Nach dessen Tod 1969 übernahm Franz Freistetter die Chefredaktion und wandelte die Zeitschrift in kurzer Zeit zu einer international angesehenen

leader, and had the distinction of being the first general to defeat Napoleon in open battle, at Aspern/Essling in 1809.) Under various names – for some time being called Streffleur's Military Journal after its then editor – this review enjoyed an excellent reputation in Austria and abroad. When the new Austrian Armed Forces were re-established in 1955/56, the need for serious military journals soon became apparent. From 1957 on, a magazine 'For the Commanding Officer' was published, followed by the review 'National Defence' in 1960. In 1962-63, two separate magazines of high quality were established. The 'Truppendienst', published by the team around Dr. Friedrich Wiener within the Training Department of the Ministry of Defence, was aimed especially at younger officers and non-commissioned officers, including reserve officers. The Austrian Military Journal dealt more with the operational and strategic levels. Its editor was first Captain (ret.) Gustav Stöckelle and then, following Stöckelle's death in 1969, Colonel Freistetter. Freistetter remained editor when he became head of the Institute for Military Research at the National Defence Academy. He used both the Journal and the newly created Institute's series 'Studien und Berichte' ('Studies and Reports') to publish research carried out by members of the Institute. Increasingly, external

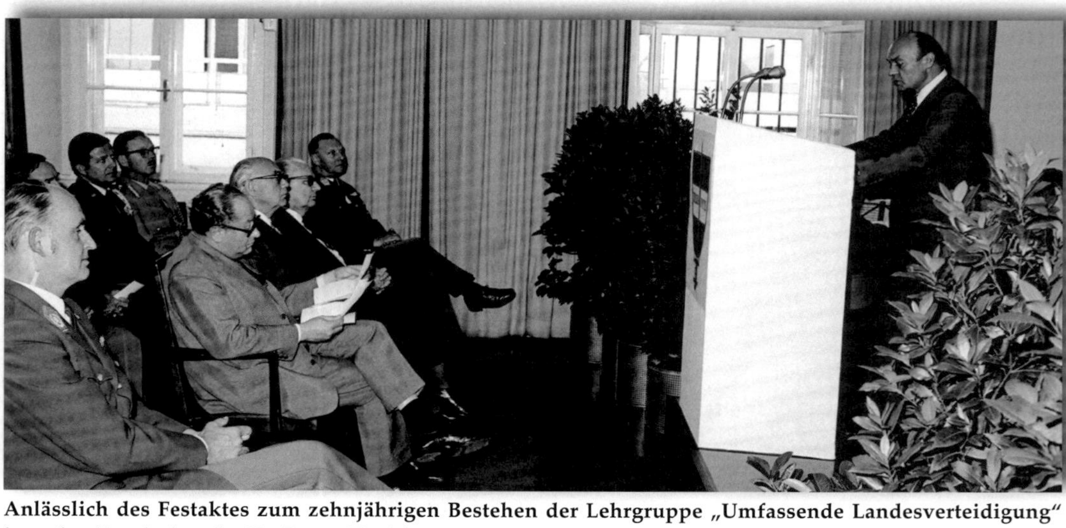

Anlässlich des Festaktes zum zehnjährigen Bestehen der Lehrgruppe „Umfassende Landesverteidigung" besuchte Bundeskanzler Dr. Bruno Kreisky am 19. Juni 1975 die Landesverteidigungsakademie. Am Rednerpult Verteidigungsminister Brigadier Karl Lütgendorf.
The 'Comprehensive National Defence' Institute celebrated its tenth anniversary in 1975. Guest of honour was Federal Chancellor Dr. Bruno Kreisky (19 June 1975), listening here to Defence Minister Karl Lütgendorf.

Besuch einer Offiziersdelegation der Bundesrepublik Nigeria bei General Wilhelm Kuntner am 23. September 1980.
Visit of a Nigerian delegation to the National Defence Academy, seen here with General Wilhelm Kuntner (23 September 1980).

authors were invited as well, while Freistetter also promoted publications by the Academy's researchers elsewhere, in order to reach a wider audience. (Freistetter remained editor of the Austrian Military Journal until 1992, when the editorial office was restructured and integrated into the Academy as a department in its own right.)
On 1 October 1975, Duic was succeeded by General Wilhelm Kuntner, who, like his predecessors, had begun his military service in the interwar Austrian Army. He had been commissioned (and wounded several times) during the Second World War, and served in the Special Gendarmerie and in the new army after 1955. He had taken part in the second General Staff Course, and had himself commanded the fourth General Staff Course. He later became head of the new Institute for Comprehensive National Defence and deputy commandant of the Academy, and was certainly one of Austria's ablest military thinkers.

Fachpublikation. Sowohl in der ÖMZ wie in der eigenen Publikationsreihe des Instituts „Studien und Berichte" erschienen Arbeiten von Angehörigen des Instituts, aber auch von externen Autoren. Gleichzeitig förderte Freistetter die Publikation von Arbeiten aus dem Institut in externen Fachorganen, um eine mediale Präsenz auch außerhalb des Bundesheeres sicherzustellen.
Freistetter blieb auch nach seiner Berufung an die Landesverteidigungsakademie Chefredakteur der ÖMZ. (1992 wurde die Redaktion dann als eigene Abteilung in die Akademie eingegliedert.)
Mit 1. Oktober 1975 folgte auf Duic General Wilhelm Kuntner. Auch er hatte seine militärische Laufbahn noch im Ersten Bundesheer begonnen und war im Weltkrieg mehrfach verwundet worden. Aus der B-Gendarmerie kommend, hatte er im Bundesheer den 2. Generalstabskurs absolviert und dann den 4. Generalstabs-

Seit 1970/71 veranstaltet die International Peace Academy regelmäßige Seminare zu Fragen internationaler Friedenseinsätze in Wien. Besuch des IPA-Direktors, des indischen Generals Indar Jit Rikhye, bei General Kuntner am 18. Februar 1982.
Since 1970/71, the New York-based International Peace Academy has organised annual seminars on various aspects of international peace operations in Vienna. IPA director, General Indar Jit Rikhye, visited General Kuntner on 18 February 1982.

kurs sowie die Lehrgruppe für Umfassende Landesverteidigung geleitet. Als stellvertretender Akademiekommandant war er einer der wichtigsten Denker der Akademie gewesen, ehe er Spannocchi in das Armeekommando gefolgt war. 1973-75 war er Militärberater der österreichischen Delegation bei den Verhandlungen der Konferenz für Sicherheit und Zusammenarbeit in Europa (KSZE, „Helsinki-Prozess"), wo er sich den Ruf eines „Vaters der Vertrauensbildenden Maßnahmen" erwarb.

Für Kuntner war die Führung der Akademie „die Krönung meiner militärischen Laufbahn [...], schwer und leicht zugleich: leicht, weil ich ein hervorragendes Team von Mitarbeitern vorfand; [...] schwer, weil es für mich darum ging, den hohen Standard dieser Akademie nicht nur zu halten, sondern durch einen Qualitätsschub noch zu verbessern". Dabei ging es ihm um die Anhebung der Strategie als Planungsmodell der Sicherheitspolitik vom militärischen in den gesamtstaatlichen Bereich und eine noch bessere Verknüpfung von Lehre und Forschung. In diesen Jahren erwarb sich die Landesverteidigungsakademie zunehmend auch im internationalen Umfeld einen Namen als höchste militärische Bildungsstätte in Österreich. Dazu kam Kuntners Bemühen um eine noch stärkere internationale Vernetzung. So war die Landesverteidigungsakademie 1976 Gastgeber der Jahreskonferenz des angesehenen Internationalen Instituts für Strategische Studien (IISS) in London. Dieser „Ausbruch aus dem österreichisch-militärischen ‚Ghetto'" ermöglichte es auch, „über viele bürokratische Schranken hinweg, jüngere Mitarbeiter an ausländische Forschungsstätten zu entsenden", so unter anderem Dr. Heinz Vetschera an das Londoner IISS oder Dr. Wolfgang Danspeckgruber nach Princeton, wo er letztlich eine beachtliche internationale Karriere machte.

1978 wurde das Institut für Militärische

In 1973, he followed Spannocchi to the new Army Command, and also served from 1973 to 1975 as military adviser to the Austrian delegation during the negotiations of the Conference for Security and Co-operation in Europe (CSCE), where he became known as the 'father of confidence-building measures'.

For Kuntner, heading the Academy was the 'crowning experience of my military career [...], difficult and easy at the same time: easy, because I found an excellent team of colleagues; yet [...] difficult, because I aimed not only to maintain the already high standards of this Academy, but to improve its quality even further'. Strategic thinking would be included in security policy planning on the political as well as on the military level, and training and research would be more closely linked. During these years, the National Defence Academy increasingly enhanced its reputation on an international level. International co-operation was more important than ever in order to 'escape from the Austrian military ghetto'. In 1976, the National Defence Academy hosted the annual conference of the renowned London-based International Institute for Strategic Studies (IISS). Dr. Heinz Vetschera became visiting fellow at the IISS despite numerous 'bureaucratic obstacles'. Dr. Wolfgang Danspeckgruber was sent to Princeton, where he eventually became a professor.

In 1978, the Institute for Military Studies was renamed Institute for Strategic Research – another indication that the Academy's tasks increasingly went beyond purely military affairs. For example, the Institute was tasked with research on the 'missile question', the supposed prohibition of guided missiles in the Austrian State Treaty. Although the Institute's findings could, for political reasons, be implemented only later, they paved the way for the eventual political solution of this issue.

In the Prime Minister's office (in Austrian parlance, the Federal Chancellery), a co-ordinating office for Comprehensive National Defence was established. Consequently, some related tasks were shifted from the Academy to the new office, including training for civilian staff. At the same time, and partly due to the reforms

Taktisches Planspiel am 4. Mai 1983 (links der Hauptlehroffizier für Führungslehre und Organisation, Major dG Wolfgang Jilke).
Tactical exercise (4 May 1983), at left Major Wolfgang Jilke, then chief instructor for command and organisation.

Grundlagenforschung zum Institut für Strategische Grundlagenforschung umbenannt – auch dies ein Hinweis auf die immer mehr über die rein militärischen Belange hinausgehenden Aufgaben der Akademie. Damals beauftragte General Kuntner das Institut, nach Lösungsansätzen zur Überwindung des vorgeblichen „Raketenverbots" des Staatsvertrags zu suchen. Die damals erstellten Grundlagenarbeiten konnten zwar wegen der innenpolitischen Konstellation nicht sofort umgesetzt werden, schufen aber wesentliche Voraussetzungen für die folgenden politischen Lösungen.
Durch die Einrichtung einer Koordinierungsstelle für die Umfassende Landesverteidigung im Bundeskanzleramt (bis dahin waren damit nur das Verteidigungs- und das Innenressort befasst gewesen) verlagerten sich freilich einige ULV-Aufgaben, die bis dahin von der Akademie wahrgenommen worden waren, auf das Kanzleramt. Die Vermittlung der ULV für zivile Dienststellen und Führungskräfte war für über zwei Jahr-

of the seventies, the role of the armed forces as part of society gained in importance. As a result, in 1977 a new Institute for Defence Politics was created in place of the former Institute for Comprehensive National Defence, mainly to train information officers.
In 1981, General Kuntner retired and was succeeded by Lieutenant General Lothar Brósch-Fohraheim (1981-85). As commandant, Brósch contributed to the Academy's consolidation – he remembers that there were as many as thirty-five people without proper permanent positions on his staff when he took over. Because of constant changes to the building, the Academy soon became known as 'Brósch's permanent building site'. During the war, Brósch had been an officer in the reconnaissance troops, had been taken prisoner by the Americans in Tunisia, and had joined the Special Gendarmerie after finishing his university studies on his return to Austria. He had the reputation of being an exceptionally elegant officer. Moreover, as military attaché in London, and later as military adviser to the CSCE Follow-Up Conference in Madrid (1981-83), he had gained diplomatic experience.

zehnte nicht mehr primäre Aufgabe der Landesverteidigungsakademie. Aus der Lehrgruppe ULV entstand daher 1977 das Institut für Wehrpolitik, das sich primär der Ausbildung von Informationsoffizieren widmete.

Auf General Kuntner folgte mit Korpskommandant Dipl.-Vw. Lothar Brósch-Fohraheim (1981-85) ein Kommandant, der viel zur Konsolidierung der personellen und administrativen Struktur beitrug. Bei seiner Kommandoübernahme hatte er nicht weniger als 35 Mitarbeiter ohne fixe Dienstposten gehabt! Verschiedene bauliche Änderungen gaben Anlass zum Scherzwort „BSB" (für „Brósch's ständige Baustelle"). Brósch war im Krieg Offizier bei den Aufklärern gewesen und in Nordafrika in amerikanische Kriegsgefangenschaft geraten. Nach seinem Studium und einer kurzen Tätigkeit in der Wirtschaft war er zur B-Gendarmerie gestoßen und gehörte zur Aufbaugeneration des Bundesheeres. Er galt als äußerst eleganter Offizier, wirkte als Attaché in London und erwarb sich als Militärberater beim KSZE-Folgetreffen in Madrid (1981-83) Erfahrung im militärdiplomatischen Bereich.

In die Ära Brósch fiel das Aufwachsen der „neuen Friedensbewegung" gegen die Umsetzung des NATO-Doppelbeschlusses vom Dezember 1979, der die Aufstellung westlicher Mittelstreckenraketen als Gegengewicht zu den auf Europa gerichteten sowjetischen SS-20 Raketen vorsah, wenn die entsprechenden Abrüstungsverhandlungen bis Ende 1983 erfolglos blieben. Dazu kamen die Folgen der sowjetischen Intervention in Afghanistan - der „Kalte Krieg" war in eine neue „heiße Phase" getreten. Angehörige der Akademie wurden in diesen Jahren oftmals

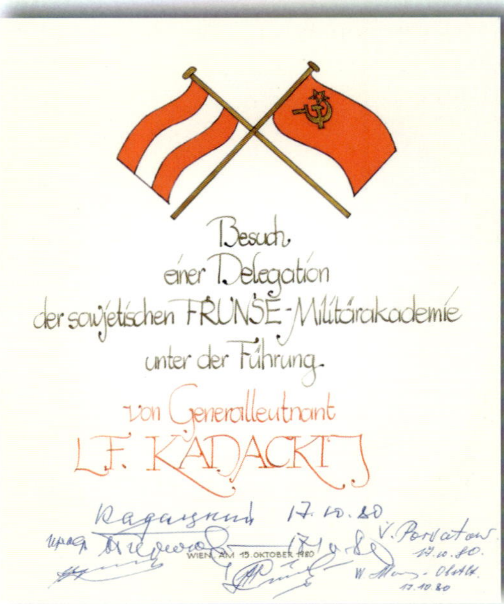

Als neutraler Staat suchte Österreich während des „Kalten Krieges" bewusst den Kontakt zu Vertretern beider Seiten. So war im Oktober 1980 eine Delegation der sowjetischen Frunse-Generalstabsakademie unter Leitung von Generalleutnant L. F. Kadackij ebenso zu Besuch wie im April 1983 eine Delegation des National War College der USA unter Professor Stephen F. Szabo (heute Professor an der Paul H. Nitze School of Advanced International Studies der Johns Hopkins University).

These years saw the 'new peace movement' of the eighties, which protested against the positioning of western medium range missiles in Europe as a response to the positioning of Soviet SS-20 missiles in Eastern Europe. The NATO 'Double-Track Decision' of December 1979 had foreseen this if mutual arms reduc-

zu Diskussionen und Stellungnahmen eingeladen und bemühten sich, den hochgehenden Emotionen Sachargumente entgegenzustellen, was freilich nicht immer gelang.
1982 erfolgte die erste Institutionalisierung einer Partnerschaft der Landesverteidigungsakademie mit einer zivilen Einrichtung. Derartige Partnerschaften (zuerst als „Patenschaften" bezeichnet) waren seit Ende der sechziger Jahre im Bundesheer üblich; der erste derartige Vertrag über eine enge Zusammenarbeit zwischen einem Truppenkörper und einem Unternehmen war im Februar 1969 zwischen dem Panzerbataillon 33 und den Simmering-Graz-Pauker-Werken unterzeichnet worden. Auch dieser Teil des Bemühens um eine Integration des Bundesheeres in die zivile Gesellschaft und somit Ausdruck des umfassenden Verständnisses des Auftrags zur Landesverteidigung.
Die Landesverteidigungsakademie hatte seit längerem eine enge und gute Zusammenarbeit mit der Raiffeisenbank gepflogen. Dennoch wurde die erste offizielle Partnerschaft der Akademie 1982 mit der österreichischen Girozentrale geschlossen, die nach einer Zusammenlegung zur GiroCredit wurde und schließlich 1997 Teil der Erste Bank der Österreichischen Sparkassen AG. Daher wurde diese Partnerschaft 1998 erneuert.
In den frühen achtziger Jahren änderte sich die innenpolitische Landschaft. Nach dem Verlust der absoluten Mehrheit bildete die SPÖ 1983 eine Koalitionsregierung zuerst mit der Freiheitlichen Partei (1983-86) und dann mit der ÖVP (1987-2000). Das Verteidigungsressort fiel jeweils dem schwächeren Koalitionspartner zu – Minister waren die Freiheitlichen Dr. Friedhelm Frischen-

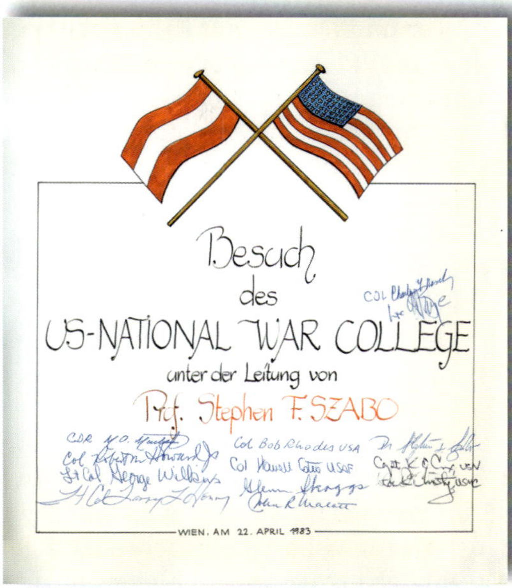

As a neutral country, Austria maintained good relations with powers on both sides of the 'Iron Curtain'. In October 1980, a delegation from the Soviet Frunse General Staff Academy, headed by Lieutenant General L. F. Kadackij, visited the National Defence Academy. In April 1983, they were followed by a group from the U.S. National War College, led by Professor Stephen F. Szabo (now a professor at the Paul H. Nitze School of Advanced International Studies of Johns Hopkins University).

tion talks brought no result by the end of 1983. Emotions also ran high following the Soviet intervention in Afghanistan - there could be little doubt that the 'Cold War' had entered a new 'hot phase'. Members of the Academy staff were often invited to discussions and tried to counter emotional debates with factual information - not always successfully, though.

schlager und Dr. Helmut Krünes, gefolgt von den ÖVP-Politikern Dr. Robert Lichal und Dr. Werner Fasslabend.
Frischenschlagers universitäre Herkunft schlug sich in einem starken Interesse an sicherheitspolitischer Forschung nieder, das er mit seinem damaligen Kabinettschef DDr. Erich Reiter teilte. Es wurden sicherheitspolitische Arbeitskreise initiiert, bei denen sich der frühere Leiter des 7. Generalstabskurses, Brigadier Heinz Danzmayr, profilieren konnte. In der Folge wurde ab 1984 das Institut für Wehrpolitik (das ursprüngliche ULV-Institut) zu einem personell wohl dotierten „Institut für Militärische Sicherheitpolitik" umgebaut, das die Fachbereiche „Internationale Sicherheit", „Heer und Gesellschaft" sowie „Internationale Einsätze" umfasste.
Diese Neugründung ohne Berücksichtigung der bereits vorhandenen Strukturen führte zu Überschneidungen und Konkurrenzdenken im Verhältnis zum Institut für Strategische Grundlagenforschung. Andererseits gelang es auch dem neuen Institut (trotz der Leitung durch einen Generalstäbler) nicht, latente Vorbehalte gegen eine „zivile" sicherheitspolitische Forschung abzubauen. Dies führte zu einer gewissen „Isolation" des Forschungsbereichs im Ressort und an der Akademie, die noch lange nachwirken sollte.
Auf Brósch folgte als Kommandant der Akademie General Karl Schaffer (1986-90), der nicht nur wegen seiner Herkunft aus der Artillerie als „roter General" galt. 1930 geboren, war er der erste Akademiekommandant, der den Krieg nicht mehr aktiv mitgemacht hatte, sondern erst 1953, nach seiner Matura, in die Gendarmerie eingetreten war. Als langjähriger Mitarbeiter der Minister Freihsler und Lütgendorf und dann als Adjutant des Bundespräsidenten brachte er besonderes Verständnis für innenpolitische Fragen mit.
Während der Ausbau der Miliz erfolgreich voranschritt – und eine Generation

In 1982 the first official 'partnership agreement' was concluded between the Academy and the Austrian Girozentrale Bank.
The National Defence Academy had for a long time enjoyed an excellent relationship with the Raiffeisen Bank, but without a formal agreement. 'Partnership' arrangements between units and institutions of the Armed Forces and the civilian sector had started in the late sixties, to better integrate the military into civilian society. The first such arrangement had taken place in 1969 between the 33rd Tank Battalion and Simmering-Graz-Pauker Industries.
The 1982 Academy's partnership agreement with the Girozentrale (then GiroCredit) was renewed in 1998, when the bank became part of the Erste Bank Group in a 1997 merger.
In the early eighties, the Austrian political scene was also undergoing some major changes. The Social Democrats lost their absolute majority in 1983, and entered into coalition governments, first with the liberal/right-wing Freedom Party (1983-86), and then with the conservative People's Party (1987-2000). The post of defence minister was always held by the junior partner – first by Friedhelm Frischenschlager and Helmut Krünes from the Freedom Party, then by Robert Lichal and Werner Fasslabend from the People's Party.
Minister Frischenschlager's academic background made him interested in security political research - an interest he shared with his chef de cabinet, Dr. Erich Reiter. In discussions about security policy, the director of the 7th General Staff Course, Brigadier General Heinz Danzmayr, caught the minister's eye. He was appointed head of the newly established Institute for Military Security Policy, which was created around the former Institute for Defence Policy (the original Comprehensive Defence Institute).
The creation of the new institute led, however, to duplication with the existing Institute for Strategic Research - a situation not helped by the personalities of some of the people involved. Although Danzmayr came from the General Staff himself, an element of distrust towards 'civilian' security-related research remained

Große Beachtung fand im Februar 1988 ein Symposion anlässlich des 50. Jahrestages des „Anschlusses" 1938. Im Bild v.l.n.r. Sektionschef Dr. Kurt Skalnik (Bundespressedient), Botschafterin Dr. Eva Novotny, der ehemalige Bundespräsident Dr. Rudolf Kirchschläger, der Akademiekommandant General Karl Schaffer (stehend), der Organisator des Symposions, Oberst Mag. Udo Rumerskirch, und die Zeithistorikerin Univ.-Prof. Dr. Erika Weinzierl.

In February 1988 the National Defence Academy marked the 50th anniversary of the 'Anschluss', Austria's annexation by the Third Reich in 1938, with a symposium. Presenters included (f.l.t.r.) Dr. Kurt Skalnik, Ambassador Dr. Eva Novotny, former Federal President Dr. Rudolf Kirchschläger, Academy Commandant General Karl Schaffer (standing), Colonel Udo Rumerskirch (the conference organiser), and Professor Dr. Erika Weinzierl.

von Reservisten ungezählte Stunden von Freizeit und Urlaub opferten, um die Miliz zu einer glaubhaften Säule der Landesverteidigung zu machen – war es vor allem die längst überfällige Frage der Beschaffung von Abfangjägern, die die Politik und die Bevölkerung spaltete und für Aufregung sorgte. Schließlich entschied man sich 1986 für den Ankauf von schwedischen Saab J35 Ö „Draken" – eine Lösung, für die sich der damalige Außenminister Bruno Kreisky schon um 1960 ausgesprochen hatte. Aufgrund ihres Alters konnten die „Draken" für die achtziger Jahre freilich nur eine Übergangslösung sein; man rechnete mit der Beschaffung der nächsten Generation von Abfangjägern schon für Mitte der neunziger Jahre (tatsächlich sollte es ein gutes Jahrzehnt länger dauern).
Immerhin wurden damals die an der Landesverteidigungsakademie entwickelten Ansätze zur Lösung der Raketenfrage aufgegriffen und 1985 publiziert. Innenpolitisch gab es teils heftige Kritik,

and led to a certain isolation of security research within the military - contrary to developments elsewhere.
Brósch was succeeded by General Karl Schaffer (1986-90), who had the reputation of being a 'red general', not just because of his origins in the artillery. Born in 1930, he was the first commandant who had not seen active service in the Second World War. He had joined the rural police (gendarmerie) in 1953 after finishing school, and had eventually become an officer in the army. He had been assistant to defence ministers Freihsler and Lütgendorf in the seventies, and had served as ADC to the federal president. As such, he had gained some experience in domestic Austrian politics.
The build-up of the Territorial Defence Force proceeded more or less according to plan, and a generation of reservists devoted spare time and weekends to training to create a credible component of the defence system. But the question of overdue new interceptor aircraft led to heated debate in Austria. As a result, in 1986, Swedish Saab J35 OE 'Draken' planes were bought – these were dated, second-generation

doch blieb die außenpolitische Reaktion aus. 1987 schließlich wurde die Beschaffung von Lenkwaffen eingeleitet.
Im selben Zeitraum publizierte die Akademie auch eine Studie zu „subkonventionellen" Bedrohungsformen z.B. wie Terrorismus oder den Aktivitäten der „westeuropäischen Guerilla" (deren damals vermutete Unterstützung durch östliche Geheimdienste nach der „Wende" von 1989/90 teilweise bestätigt wurde).
Im Zuge der Umstrukturierung der Landesverteidigungsakademie wurde das bis dahin beim Institut für höhere Offiziersausbildung beheimatete Fremdsprachenwesen als eigenes (viertes) Institut ausgegliedert. Das war nicht zuletzt eine Folge der Ausweitung des Sprachunterrichts seit den siebziger Jahren. Waren es anfangs vorwiegend Englischkurse gewesen, die mit Rücksicht auf Lehrgänge in den USA abgehalten wurden, hatte sich das Angebot inzwischen deutlich erweitert und beinhaltete u.a. Französisch, Italienisch, Russisch, Serbokroatisch, Slowenisch, Tschechisch und Ungarisch. Seit 1978 bestand durch die Einführung der Verwendung im „höheren militärfachlichen Dienst" (dhmfD) auch für entsprechend qualifizierte Sprachoffiziere und andere akademisch gebildete Offiziere die Möglichkeit, so wie Generalstäbler, Juristen, Mediziner und Techniker in den (finanziell und vorrückungsmäßig deutlich besser gestellten) höheren („H1") Dienst vorzurücken.
Am Ende der Ära Schaffer stand 1989/90 die „Wende" in Osteuropa und damit das Ende des Ost-West-Konfliktes, der für die österreichische Sicherheitspolitik bis dahin die Determinante gewesen war – auch wenn damals noch nicht ganz absehbar war, welch umfassende Konsequenzen die neue politische Weltlage auch für Österreich und damit für das Bundesheer haben sollte.

fighter aircraft whose acquisition had first been contemplated twenty-five years earlier. It was clear at the time that the 'Draken' could only be an intermediate solution, and that new planes would have to be bought in the mid nineties. This subsequent purchase finally took a decade longer than planned.
At this time, the solution suggested by the Academy for the long-lasting debate on the 'missile prohibition' in the Austrian State Treaty (which in reality always referred to medium range missiles, and not to guided weapons like Sidewinder air-to-air missiles) was finally taken up by the ministry and was published in 1985. There were no protests from abroad, and in 1987 acquisition of the first missiles for the Austrian Armed Forces could begin.
Also in the mid eighties, the Academy published a study about 'sub-conventional' threats like terrorism or Western European 'guerilla' activities (whose support by Communist intelligence services, suspected at the time, was later confirmed after the 'Big Change' of 1989-90).
As part of the Academy's restructuring, the language-training section of the Institute for Higher Officer Training became an independent entity, called the Institute for Military Languages – the fourth institute within the Academy – as a consequence of the increased need for foreign language skills. The facility had started by offering training in English for officers who were to attend courses in the USA, but was rapidly broadened to include French, Italian, Russian, Serbo-Croat, Slovene, Czech, and Hungarian. From 1978 on, officers with proper university training in languages and other disciplines had the possibility of a better (and more highly-paid) career path, previously only open to general staff officers, military lawyers, medical doctors and military engineers.
The end of Schaffer's tenure as commandant coincided with the end of the Cold War. At the time few observers would have guessed how far-reaching the consequences of these developments would eventually be for Austria and its Armed Forces.

Die Unordnung der „Neuen Weltordnung"

Es waren jedenfalls keine ruhigen Zeiten, als Korpskommandant Erich Eder mit 1. März 1990 General Schaffer als Kommandant der Landesverteidigungsakademie nachfolgte. Er war schon von 1973 bis 1979 als Leiter des Instituts für Höhere Offiziersausbildung an der Akademie gewesen und gehörte 1986 bis 1990 als Leiter der Generalstabsgruppe B (zu der auch die Ausbildung ressortierte) zum „inneren Kreis" des Generalstabs. Wie schon Schaffer war auch Eder erst in der Zeit der B-Gendarmerie zum Heer gestoßen. Übrigens war er der Schwiegersohn des ersten Kommandanten der Stabsakademie, General Albert Bachs.

Auch unter General Eder gingen die Konsolidierung und die Umgliederung der Akademie weiter. Die Zentraldokumentation wurde aus dem Institut für Strategische Grundlagenforschung herausgelöst und dieses, vermehrt um Teile des bisherigen Instituts für Militärische Sicherheitspolitik, zur „Forschungsabteilung". Damit wurden gewisse Duplizierungen, die sich in den Jahren davor entwickelt hatten, beseitigt. Neu entstand die Wehrpädagogische Abteilung, deren Aufgaben bis dahin – in geringerem Maße – vom Institut für Militärische Sicherheitspolitik mitbehandelt worden waren; von diesem kamen auch Teile der administrativen Struktur. Auch die übrigen Institute wurden nunmehr zu Abteilungen. Die Akademie umfasste somit die Lehrabteilung, die Fremdsprachenabteilung, die Forschungsabteilung, die Wehrpädagogische Abteilung, die Zentraldo-

Disorder in the 'New World Order'

On 1 March 1990, Lieutenant General Erich Eder became the Academy's new commandant. He had received his basic officer's training in the Special Gendarmerie and the new army, and had served at the Academy before, as head of the Institute for Higher Officer Training in 1973-79. From 1986 to 1990, he had been director of General Staff Group B, whose responsibilities included training. Eder was also the son-in-law of the first commandant of the original Staff Academy, General Albert Bach.

Under Eder, consolidation and reorganisation continued. In 1992 the Central Documentation Section was separated from the Institute for Strategic Research and became an institute in its own right. At the same time, all institutes were renamed 'departments'. The Academy now comprised the Training, Research, and Language Departments as well as the newly created Department for Military Pedagogics, besides the Central Documentation, the Command Support Division and - also new - the editorial offices of the Austrian Military Journal. The use of the general administration term 'department' rather than the more

Am 15. Jänner 1992 besuchte der Kommandeur der Führungsakademie der deutschen Bundeswehr, Generalmajor Dr. Klaus Reinhardt, die Landesverteidigungsakademie – hier bei der Begrüßung durch Korpskommandant Erich Eder.

On 15 January 1992, the commandant of the German Führungsakademie in Hamburg, Major General Dr. Klaus Reinhardt, visited the National Defence Academy. He is shown together with his Austrian counterpart, Lieutenant General Erich Eder.

kumentation und die Führungsabteilung sowie - ebenfalls neu - die Redaktion der Österreichischen Militärischen Zeitschrift. Bis zu einem gewissen Maß zeigte sich in dieser Umbenennung wohl das Bestreben nach einer straffer verwalteten Struktur der Akademie sowie der Trennung von Lehre und Forschung. Einige Forscher beklagten denn auch das einer gedeihlichen wissenschaftlichen Arbeit wenig zuträgliche Klima. Andererseits entwickelten sich gerade damals im Rahmen der erstmals von einem echten Wissenschaftler (Hofrat Dr. Rudolf Hecht) geleiteten Forschungsabteilung neue Kontakte zur akademischen und universitären Landschaft.

Die Hörer der Generalstabslehrgänge immatrikulierten an der Universität Wien und einige Lehrveranstaltungen der Landesverteidigungsakademie wurden für alle Interessenten geöffnet. Außerdem wurde die Zusammenarbeit zwischen der Landesverteidigungsakademie und der Österreichischen Akademie der Wissenschaften (ÖAW) institutionalisiert und konnte sich in der Folge auf eine eigene Kommission der ÖAW abstützen.

Gerade angesichts der neuen sicherheitspolitischen Herausforderungen nach 1989/90 kam der wissenschaftlichen Forschung und ihrer Umsetzung besondere Bedeutung zu. Das Ende des „Kalten Krieges" brachte – allen Hoffnungen zum Trotz – keinen weltweiten Frieden. Im Gegenteil kamen überall jene Spannungen zum Ausbruch, die bis dahin gewissermaßen „eingefroren" gewesen waren. So auch in Österreichs unmittelbarer Nachbarschaft: im Juni 1991 erklärten sich die jugoslawischen Teilrepu-

academic word 'institute' signalled for some an attempt to curtail academic freedom, in favour of bureaucratic red tape, and a separation of teaching and research. These fears were not completely unfounded; yet the Research Department was for the first time headed by a respected scholar – Dr. Rudolf Hecht, who also taught at the University of Vienna – and important steps were taken to improve relations with academia in general. Students of the General Staff Course attended lectures at the University of Vienna, and some courses at the Academy were opened for civilians. Co-operation between the National Defence Academy and the Austrian Academy of Sciences was institutionalised with the establishment of a special 'military' commission at the Austrian Academy of Sciences.

The changes and new challenges after 1989/90 made research on security policy issues more important than ever. The end of the Cold War had brought neither the end of history nor general peace. On the contrary, many tensions and conflicts which had been kept 'frozen' during the Cold War now erupted, leading to new bloodshed. Some involved Austria's immediate neighbourhood: in June 1991, the republics of Slovenia and Croatia

Besuch einer Gruppe des Centers for Strategic and International Studies im Juni 1987 – links im Bild Brigadier Franz Freistetter, der langjährige Chefredakteur der ÖMZ und Leiter des Instituts für Strategische Grundlagenforschung, neben ihm Oberst dG Hubertus Trauttenberg, ganz rechts Prof. Michael F. Moody.

Briefing for a group from the CSIS. On the left Brigadier General Franz Freistetter, long-time editor-in-chief of the Austrian Military Journal and director of the Institute for Strategic Research, next to Colonel Hubertus Trauttenberg. On the far right is Prof. Michael F. Moody.

Die Kämpfe in Slowenien im Juni 1991 zeigten – über ein Jahr nach Ende des „Kalten Krieges" – wie fragil Frieden sein kann. Österreichische Soldaten beobachten die Grenze bei Spielfeld.
The fighting in Slovenia in June 1991 showed anew, just over a year after the end of the 'Cold War', how fragile peace can be. Austrian soldiers observe the Spielfeld border post.

declared their independence from Yugoslavia. Federal Yugoslav forces intervened in Slovenia, and for some days fighting took place right on the Austrian-Slovene border. For the third time since 1956 and 1968 the Austrian Armed Forces were called upon to guard the borders. Unlike 1956 and 1968, however, the 1991 deployment was a 'real' border defence mission. The territorial reserves were not mobilised – which made sense from an economic point of view, because the government wanted to avoid any drastic measures which might affect summer tourism revenues. Nonetheless, many reservists could not understand why they were not called upon in time of need.

bliken Slowenien und Kroatien für unabhängig, begann ein Krieg direkt an der österreichischen Grenze. Zum dritten Mal – nach 1956 und 1968 – kam es zu einem Einsatz des Bundesheeres, diesmal als „echter" Grenzsicherungseinsatz. Dass die Miliz in dieser Krise nicht mobilgemacht wurde, ließ sich mit wirtschaftlichen und politischen Argumenten rechtfertigen, wurde aber von vielen Angehörigen der Miliz als Brüskierung empfunden.

In den folgenden Jahren wurde die Milizkomponente schrittweise verringert, da sich die Aufgaben von der traditionellen Landesverteidigung weg und hin zur verstärkten Teilnahme an internationalen Einsätzen verschoben. Allerdings kam in Österreich der Großteil der Freiwilligen für internationale Missionen stets aus der Miliz, deren Bedeutung daher auch für Auslandseinsätze nicht zu unterschätzen ist.

In the intervening years the reserve components have gradually been reduced, as the emphasis has switched from traditional defence tasks towards increased participation in international missions. It should be noted here that the majority of Austrians taking part in peace operations have always come from the reserves, and that maintaining or even in-

Österreich beteiligt sich seit 1960 aktiv an internationalen Friedenseinsätzen. Nach dem Ende des Ost-West-Konfliktes wurden sie zu einer der wichtigsten Aufgaben für das Bundesheer (im Bild ein österreichischer Soldat in Afghanistan, 2002).
Austria has taken part in international peace operations since 1960. After the end of the East-West Conflict, they became one of the foremost tasks for the Austrian Armed Forces (Austrian soldier in Afghanistan, 2002).

Zwar hatte sich Österreich schon früh an internationalen Friedensaufgaben beteiligt (1960-63 im Kongo, seit 1964 auf Zypern und seit 1967 im Nahen Osten) und gehörte seit 1972/73 mit zwei Bataillonen und zusätzlichen Beobachteroffizieren zu den wichtigsten Truppenstellern im Rahmen der Vereinten Nationen. Doch galt dies innerhalb des Bundesheeres gewissermaßen als „Nebentätigkeit", die überdies von vielen eher als „gut bezahlter Urlaub" und Ablenkung von den eigentlichen Aufgaben gesehen wurde. Seit 1989 nahmen Zahl und Aufgaben der internationalen Operationen rasant zu (Kritiker sprachen vom „mushrooming", von der schwammerlartigen Vermehrung der Blauhelmeinsätze) und auch die Zahl der Missionen, an denen sich Österreich beteiligte. Neben der UNO wurden die 1994/95 zur Organisation (OSZE) mutierte KSZE (mit dem Krisenverhütungszentrum und dann dem Generalsekretariat in Wien), die Europäische Union (EU) und die NATO zu Trägern internationaler Friedenseinsätze. 1994 entstand im Rahmen der NATO die „Partnerschaft für den Frieden" („Partnership for Peace", PfP), der Österreich 1995, wenige Wochen nach der Aufnahme in die EU, beitrat.

Insbesondere waren es Einsätze in der unmittelbaren Nachbarschaft – seit 1995/96 in Bosnien-Herzegowina, 1997 und 1999 in Albanien und seit 1999 im Kosovo – an denen sich Österreich mit starken Kontingenten beteiligte. Dazu kamen zahlreiche Einsätze in Afrika, Asien und Lateinamerika, zusätzlich zum traditionellen Engagement im Nahen und im Mittleren Osten. Neben die Frie-

1996 beteiligte sich erstmals ein größeres Kontingent des Bundesheeres (gestellt von der Militärakademie) an einer internationalen Übung im Rahmen der NATO-Partnerschaft für den Frieden (Cooperative Osprey 96, Camp Lejeune, North Carolina, USA).

In 1996, a major contingent of the Austrian Armed Forces participated for the first time in a NATO-PfP exercise, 'Cooperative Osprey 96'. Cadets from the Military Academy at Camp Lejeune, North Carolina.

creasing Austria's 'international commitments without a substantial reserve component will become difficult.

Austria had participated early on in international peace operations (in the Congo in 1960-63, in Cyprus from 1964 on, and in the Middle East from 1967 on) and since 1972/73 had been among the most important troop-contributing countries, with two battalions and additional military observers constantly deployed on UN service. But this was regarded as rather extravagant by the armed forces at the time, often even derided as 'well-paid holidays' for those who wanted to avoid doing their real jobs at home. This view changed after 1989: the number of missions increased (critics talked about the 'mushrooming' of UN peace operations), and so did the number of organisations involved. Besides the UN, the CSCE (which became an organisation, the OSCE, in 1994-95, with its Secretariat-General and Conflict Prevention Centre based in Vienna), the EU, and NATO became important actors in sponsoring international missions. In 1994, NATO created the 'Partnership for Peace' (PfP) arrangement, and in 1995 Austria joined both the EU and the PfP.

Austria has taken part in numerous missions, notably in south-eastern Europe: in Bosnia-

densmissionen traten humanitäre und Katastropheneinsätze. Im Inland schließlich war eine Vielzahl von Assistenzeinsätzen zu bewältigen, an erster Stelle jene zur Überwachung der Grenzen zu Ungarn (seit 1990) und zur Slowakei (seit 1997), um illegale Grenzübertritte zu verhindern. Österreich implementierte 1997/98 die Schengener Abkommen über den erleichterten Grenzverkehr; seit damals sind die Grenzen zu unseren östlichen Nachbarn gleichzeitig Schengen-Außengrenzen.

1997 initiierte der wohl führende sicherheitspolitische Denker des Ressorts, Sektionschef DDr. Erich Reiter, die Einrichtung eines eigenen „Militärwissenschaftlichen Büros" (heute: Direktion bzw. Büro für Sicherheitspolitik); er selbst war seit 1996 als Beauftragter für Strategische Studien direkt dem Minister verantwortlich. In dieser Eigenschaft arbeitete er eng mit der Landesverteidigungsakademie zusammen, die von 1996 bis 2001 von General Ernest König geleitet wurde. Im Sinne der stärker universitären Ausrichtung wurden die Abteilungen wieder zu Instituten umbenannt. Neben der Führungsabteilung umfasste die Akademie somit das Institut für Höhere Offiziersausbildung (später Institut für Höhere Militärische Führung), das Institut für Strategische Forschung, die Wehrpädagogische Abteilung, das Sprachinstitut des Bundesheeres, die Abteilung Zentraldokumentation und Information, die Redaktion der Österreichischen Militärischen Zeitschrift sowie das 1997 geschaffene Institut für Militärisches Geowesen (Militärgeographie). In direkter Zusammenarbeit mit dem Militärwissenschaftlichen

Herzegovina from 1995-96 on, in Albania in 1997 and 1999, and in Kosovo from 1999 on. Smaller contingents have been sent on numerous missions in Africa, Asia and Latin America, in addition to traditional participation in operations in the eastern Mediterranean and the Middle East and several humanitarian disaster relief missions. The armed forces have also been required to assist the civil powers at home: most importantly deploying two battalions on the border to Hungary (from 1990 on) and to Slovakia (from 1997 on), to support the police in curtailing illegal migration. When Austria joined and implemented the Schengen system in 1997-98, its eastern borders became Schengen borders.

In 1996, one of the foremost strategic thinkers in Austria, Dr. Erich Reiter, was appointed as Commissioner for Strategic Studies and adviser on security policy to the minister and the government. In 1997, he initiated the establishment of an Office for Military Studies (now the Directorate and Office for Security Policy), which co-operated closely with the National Defence Academy, whose commandant from 1996 to 2001 was General Ernest König. Reflecting its academic aspirations, some 'departments' became 'institutes' again. In addition to the Command Support Divi-

Sektionschef DDr. Erich Reiter – im Bild rechts, hier mit Verteidigungsminister Herbert Scheibner anlässlich der Vorstellung des „Jahrbuchs für Europäische Sicherheitspolitik 2000" – gehörte zu den sicherheitspolitischen Vordenkern im Bundesheer.

Professor Dr. Erich Reiter – on the right, seen here with Defence Minister Herbert Scheibner on the occasion of the presentation of the 'Yearbook for European Security Policy 2000' – was among the more prominent experts on security policy within the Ministry of Defence.

Eines der Ziele der Deutschkurse für internationale Hörer ist die Vorbereitung auf spätere militärische Lehrgänge oder Funktionen in Österreich. Im Bild die Dekretverleihung an Teilnehmer aus Polen, Kroatien und Ungarn durch General Ernest König 2001.
Many of the students of German language courses later return to Vienna for other military courses or as military attachés. The picture shows officers from Poland, Croatia and Hungary at their graduation ceremony, with the Commandant, General Ernest König, in 2001.

Büro entstand außerdem eine eigene „Projektgruppe Internationale Friedenssicherung", die bald zur Abteilung aufgewertet und 2001 als „Institut für Friedenssicherung und Konfliktmanagement" der Akademie eingegliedert wurde. Im Zuge des (nicht unumstrittenen) Konzepts der Trennung von Forschung und Forschungsmanagement wurde 2001 außerdem die Forschungsabteilung des Militärwissenschaftlichen Büros als eigener Fachbereich Zeitgeschichte in das nunmehrige Institut für Strategie und Sicherheitspolitik (davor Institut für Strategische Forschung) der Landesverteidigungsakademie integriert. Damit verfügte dieses Institut auch über die notwendige historische Dimension, um strategische und sicherheitspolitische Fragen umfassend zu bearbeiten.
Die Möglichkeit eines Beitritts Österreichs zur NATO wurde in den neunziger Jahren mehrfach erwogen, scheiterte

sion, the Academy now comprised the Institute for Higher Officer Training (later renamed Institute for Strategic Leadership Training), the Institute for Strategic Research, the Military Pedagogic Department, the Army Language Institute, the Central Documentation and Information Department, the editorial office of the Austrian Military Journal, and the Institute for Military Geography, established in 1997. In co-operation with the Office for Military Studies, a 'Project Group for International Peace Support' was set up, which eventually gained institute status and in 2001 became the Academy's Institute for Peace Support and Conflict Management. Also in 2001, in an attempt to separate actual research from research management (a concept which continues to be debated), the research component of the Office of Military Studies was transferred to the Academy and became the Contemporary History Branch within the Institute for Strategy and Security Policy (as the Institute for Strategic Research

Die Teilnahme an internationalen Übungen gehört inzwischen zu den fixen Bestandteilen der Ausbildung an der Landesverteidigungsakademie. Im November 2003 beteiligte sich ein starkes österreichisches Kontingent an der Übung „Allied Action 03" in Istanbul.
Taking part in international exercises has become a standard element of training programmes at the National Defence Academy. In November 2003, the Austrian contingent in the NATO-PfP exercise 'Allied Action 03' in Istanbul included staff as well as course participants from the National Defence Academy.

aber schließlich am mangelnden politischen Konsens. Da beide Regierungsparteien (SPÖ und ÖVP) höchst unterschiedliche Standpunkte vertraten, gelang es nicht einmal, eine gemeinsame Auflistung möglicher Optionen künftiger österreichischer Sicherheitspolitik zu erstellen („Optionenbericht"). Erst die nächste Regierung (eine Koalition aus ÖVP und FPÖ) erließ 2001 eine neue Sicherheits- und Verteidigungsdoktrin. In diesem Sinne entstand ein Nationaler Sicherheitsrat, der ressortübergreifend Fragen der Sicherheits- und Verteidigungspolitik erörtern sollte.
Die wesentlich stärkere internationale Dimension kam auch im Alltag der Landesverteidigungsakademie deutlich zum Ausdruck. Schon in den siebziger und achtziger Jahren hatten gelegentlich ausländische Hörer an verschiedenen Kursen teilgenommen. Nach 1990 nahm

was now called), which thereby acquired the necessary historical dimension to study strategy and security policy in depth.
In the nineties, the option of joining NATO was discussed widely in Austria, but eventually faltered because of lack of consent among the major political parties. The two parties in government (the Social Democrats and the conservative People's Party) even failed to agree on a list of security policy options. It was only in 2001 under a new government (a coalition between the People's Party and the Freedom Party) that a new Security and Defence Doctrine was agreed upon. This led to the creation of a National Security Council, in order to better co-ordinate between the Ministries of Foreign Affairs and Defence.
Austria's increasing international commitments have also affected the National Defence Academy. Already in the seventies and eighties, foreign students occasionally participated in selected courses, including the General

ihre Zahl rasch zu; mittlerweile gibt es kaum einen Lehrgang ohne ausländische Hörer. Ausländische Uniformen gehören ebenso zum alltäglichen Erscheinungsbild der Akademie wie es für manche Kurse selbstverständlich geworden ist, geschlossen an internationalen Übungen teilzunehmen. Außerdem besteht eine enge Zusammenarbeit mit Militäruniversitäten und Verteidigungsakademien in den Nachbarschaften, so mit der Zrinyi-Miklos-Universität in Budapest, der Tschechischen Verteidigungsakademie in Brünn (Brno) oder der Führungsakademie und den Universitäten der deutschen Bundeswehr in Hamburg bzw. München.

Unter General König begann ein lange gehegtes Vorhaben – die räumliche Zusammenführung der verschiedenen Institute der Akademie „unter einem Dach". Durch die Übersiedlung des Kriegsarchivs in das zentrale Gebäude des Staatsarchivs in Erdberg war schon 1993 der Akademietrakt der Stiftskaserne (ursprünglich 1745 errichtet für die Savoy-Liechtenstein'sche Ritterakademie, daher der Name) frei geworden. Allerdings dauerten die baulichen Maßnahmen lange. Die Renovierung des Akademietraktes begann 1998; die ersten Institute konnten im Oktober 2003 einziehen. 2004 erfolgte die feierliche Übergabe.

Hinsichtlich der Zusammenarbeit mit zivilen Institutionen wurde die schon

Die Landesverteidigungsakademie sucht auch den Kontakt nach außen. Präsentation des Sprachinstituts anlässlich der Informationsschau zum Nationalfeiertag am Wiener Heldenplatz (2005).
The National Defence Academy aims to reach out beyond the purely military sphere. Display organised by the Language Institute on the occasion of the Armed Forces' Austrian National Day information show at the Heldenplatz in Vienna (26 October 2005).

Staff Course. Their number rapidly increased after 1990, and presently there is barely a course without students from abroad. Foreign uniforms are a normal sight at the Academy, and several courses now participate in international exercises as part of their training routine. In addition, close co-operation exists between the military universities and defence academies of neighbouring countries. Among them are the Zrinyi Miklos Defence University in Budapest, the Czech Defence Academy in Brno, the German Führungsakademie in Hamburg and the Bundeswehr University in Munich.

Under General König an old dream began to be realised – to unite 'under one roof' all the institutes of the Academy, hitherto dispersed between different buildings of the Stift Barracks and elsewhere. When the War Archives moved to a new central archives depot building in Vienna's 3rd district in 1993, the 'academy wing' of the Stift Barracks (originally built in

erwähnte Partnerschaft mit der nunmehrigen Erste Bank 1998 feierlich erneuert. Eine weitere Partnerschaft entstand 2001 mit der Österreichischen Elektrizitätswirtschafts-Aktiengesellschaft, besser bekannt als „Verbund". Darüber hinaus besteht eine enge Zusammenarbeit der Landesverteidigungsakademie mit dem Österreichischen Gewerbeverein. In allen Fällen ging und geht es darum, die jeweiligen Kompetenzen der Partner möglichst aktiv und zum beiderseitigen Nutzen einzusetzen. Gerade angesichts der vorhandenen Expertise der Akademie auf dem Gebiet der strategischen und sicherheitspolitischen Lehre und Forschung und als höchste Ausbildungsstätte des Bundesheeres gibt es hier viele Möglichkeiten der Zusammenarbeit.

1745 for the Savoy-Liechtenstein Noble Academy) became available for the Academy. Rebuilding took from 1998 to 2004, but resulted in an exceptional new home for the Academy. The new building was officially handed over in September 2004, although the first institutes had already moved in by October 2003.

Co-operation with the civilian sector continued. The partnership with the Erste Bank was formally renewed in 1998, as has already been mentioned. Another partnership agreement was concluded with the 'Verbund', the Austrian Electricity Corporation, in 2001. In addition, there exists close co-operation between the Academy and the Austrian Association of Commerce (Gewerbeverein). In all three cases, the key was to make the best possible use of the partners' respective expertise for mutual benefit. The Academy contributes its high level of research and teaching in the fields of strategy and security policy to these relationships.

Nach dem Ende des „Kalten Krieges" nahm die Bedeutung der englischen Sprachausbildung zu. Englischkurs am Sprachinstitut (um 2001).
Following the end of the Cold War, the importance of English language training increased (English course at the Language Institute, ca. 2001).

1

Schon früh pflegte die Landesverteidigungsakademie – ganz im Sinne der Umfassenden Landesverteidigung – gute Kontakte zur Raiffeisenbank (**Bild 1:** gemeinsamer Besuch bei der Heereskraftfahrschule in Baden im April 1984).

1982 wurde eine erste formelle Partnerschaft mit der Girozentrale abgeschlossen (**Bild 2:** bei einem Informationsbesuch des Assistenzeinsatzes im Burgenland, hier vor dem Schloss Esterházy in Eisenstadt). Nach der Fusion der aus der Girozentrale hervorgegangenen GiroCredit mit der „Erste Bank der österreichischen Sparkassen-AG" wurde diese Partnerschaft 1998 erneuert und durch die Erste Bank fortgeführt (**Bild 3:** Gemeinsamer Workshop über „Rohstoffe: Wirtschaftsfaktor und Konfliktauslöser" am 20. Juni 2007).

2

Eine weitere Partnerschaft wurde 2002 zwischen der Landesverteidigungsakademie und dem Verbundkonzern abgeschlossen (**Bild 4:** Akademiekommandant General Ernest König und der Vorstandsvorsitzende des Verbunds, Dipl.-Ing. Hans Haider, beim Abschreiten der Ehrenkompanie vor dem Heeresgeschichtlichen Museum). Die Partnerschaft resultierte auch in gemeinsamen Projekten (**Bild 5:** Workshop über „Industrielles Bedrohungsbild" an der Akademie am 7. Juli 2004).

Ohne formelle Partnerschaft besteht auch eine enge Zusammenarbeit mit dem Österreichischen Gewerbeverein (**Bild 6:** eine Delegation der Akademie bei einem Besuch der Firma Berndorf am 19. April 2005).

3

*The National Defence Academy maintained a close cooperation with the Raiffeisen Bank group early on – acting in the spirit of Comprehensive National Defence (**picture 1:** visit for Academy and bank staff to the Army Driving School at Baden).*

*In 1982, the first formal 'partnership agreement' was signed with the Girozentrale bank, another bank (**picture 2:** during a visit to the Army's border assistance mission in the Burgenland, staff from both institutions in front of Esterházy Palace in Eisenstadt). After a merger, the Girozentrale became the GiroCredit and eventually became part of the 'Erste Group'. The partnership agreement was therefore renewed with the Erste Bank in 1998 (**picture 3:** joint workshop on raw materials and conflicts, 20 June 2007).*

*Another partnership agreement was signed in 2002 between the National Defence Academy and the 'Verbund' Austrian Electricity Corporation (**picture 4:** Academy Commandant General Ernest König and the Verbund's CEO, Hans Haider, during the formal partnership ceremony in front of the Army Museum). Among the joint activities are workshops and seminars on topics of interest to both institutions (**picture 5:** workshop on strategic resources at the Academy).*

*There also exists a close collaboration (without a formal partnership agreement) with the Austrian Gewerbeverein (**picture 6:** visit of a delegation from the Academy to the Berndorf plant).*

4

5

6

1

2

3

4

Zum Leben der Akademie gehören auch Feste und Feiern. Bekannt wurde das jährliche „Sillergartenfest" im Juni (**Bild 1**), benannt nach dem in den Akademiehof reichenden Gastgarten des früheren Cafés Siller (heute ist in dessen Räumlichkeiten ein McDonalds-Lokal untergebracht). Am 25. September 1980 veranstaltete die Akademie ihr eigenes „Oktoberfest" (**Bild 2:** der Akademiekommandant, General Wilhelm Kuntner).

Stiller verläuft das Weihnachtsfest (**Bild 3:** Festgottesdienst 1996 in der Stiftskirche, **Bild 4:** die Weihnachtsfeier mit Professor Heinz Conrads, der der Akademie lange eng verbunden war, hier am 21. Dezember 1978).

Die Einnahmen aus der bemerkenswerten Aufführung des „Jedermann" vor dem Sappeurtrakt (16. Mai 2002 – aus Anlass des 150. Jahrestages der Aufstellung der k.k. Kriegsschule) wurden für Hilfsprojekte im Bezirk Neubau gespendet (**Bild 5**). Beim Sillergartenfest 2004 gab es auch eine Showeinlage zu bewundern (**Bild 6**). 2006 wurde ein eigener Sportplatz („Fun Court") im Akademiehof eröffnet (**Bild 7**).

5

*Festive occasions and celebrations are part and parcel of life at the Academy. This includes the annual 'Sillergarten-Fest' in June (**picture 1**), named after the former garden extension of Café Siller, (now a McDonald's). In September 1980, the Academy also organised an 'Oktoberfest' (**picture 2:** the Commandant, General Wilhelm Kuntner, on this occasion).*

*More solemn is the Christmas celebration, starting with Holy Mess at Stiftskirche church (**picture 3**, in 1996). In earlier years, well-known singer Heinz Conrads often participated in Christmas Celebrations (**picture 4**, in December 1978).*

*On 16 May 2002, the Academy organised a special performance of 'Jedermann' by Hugo von Hofmannthal in Stift Barracks to mark the 150th anniversary of the foundation of the War Academy in 1852, the proceeds of which supported a humanitarian project in Vienna's 7th district (where the Academy is located) (**picture 5**). The Sillergarten-Fest in 2004 included a dancing show (**picture 6**). In 2006, a 'Fun Court' was opened within Stift Barracks (**picture 7**).*

6

7

Auf dem Weg zur Militäruniversität

Für das Bundesheer war die Zeit nach dem Ende des „Kalten Krieges" zweifellos eine lange Phase der Krise. Beginnend mit der Auflösung des Armeekommandos (während der Slowenienkrise 1991) über die verschiedenen Umgliederungen („Heeresgliederung neu" und „Strukturanpassung") der neunziger Jahre und die mehrmalige Änderung der Spitzengliederung (Auflösung der Korpskommanden und Schaffung der höheren Kommanden 2002, dann deren Auflösung und Zusammenführung in ein Streitkräfteführungskommando 2006), die Überlegungen der Bundesheer-Reformkommission (2003/04) und die Vorstellung eines „ständigen Transformationsprozesses" im Rahmen des „Managements 2010", die Auflösung zahlreicher Truppenkörper bei gleichzeitiger drastischer Reduktion der Milizkomponente – all das waren und sind Prozesse,

Austria's Military University

The post-cold war period has seen considerable upheaval for the Austrian Armed Forces. The Army Command was abolished (at the height of the Slovene Crisis in 1991). In the nineties, the army underwent repeated reforms and saw its mobilisation strength drastically reduced, with the future of the reserve components in doubt. The higher commands were restructured: at first the corps commands (two, then three, then again two) were abolished and six separate commands (land forces, air forces, special operation forces, international operations, mission support, and command support) created in 2002 instead. Four years later, these were reduced to only two high commands (armed forces, and support). A new Army Reform Commission discussed necessary reforms in 2003-04, and a process of 'constant transformation' was initiated under the 'Management 2010' aegis.

2003 wurde eine neue Bundesheer-Reformkommission einberufen, die unter Leitung des früheren Wiener Bürgermeisters Dr. Helmut Zilk stand (erste Reihe Mitte). Die Ergebnisse dieser Kommission führten zu den Reformen 2006 und zum Transformationsprozess („Management Bundesheer 2010").

In 2003, a new Armed Forces Reform Commission was created, headed by a former mayor of Vienna, Dr. Helmut Zilk (front row centre). The findings of this commission led to the reforms of the command structure in 2006 and to the start of a major transformation process ('Management 2010').

Feierliche Kommandoübergabe an General Raimund Schittenhelm, den neuen Kommandanten der Landesverteidigungsakademie, durch Minister Herbert Scheibner am 21. Dezember 2001 vor dem Heeresgeschichtlichen Museum.
On 21 December 2001, command of the Academy was handed over to General Raimund Schittenhelm. He is seen here with the Defence Minister, Herbert Scheibner, in front of the Army Museum.

die erhebliche Unsicherheit und Zweifel innerhalb des Bundesheeres bewirkten. Jede Krise aber ist auch eine Chance – letztlich geht es darum, heute die Herausforderungen der Zukunft anzudenken, um ihnen entsprechend begegnen zu können.

Als Minister wirkten nach der Bildung der schwarz-blauen Koalition im Februar 2000 Herbert Scheibner (FPÖ, 2000-02) und Günther Platter (ÖVP, 2002-07). Nach dem Antritt der neuen Großen Koalition folgte Norbert Darabos (SPÖ, seit 2007).

Im Dezember 2001 wurde das Kommando der Akademie an General Raimund Schittenhelm übergeben, der bereits zwischen 1978 und 1987 als Hauptlehroffizier für Taktik und Logistik bzw. Führung und Organisation und später als Kommandant der Truppenoffiziers- und Stabsoffiziers-

All these changes have nourished doubts and disappointment within the armed forces. Crises, however, can also offer opportunities, and to face the challenges of the future it is more necessary than ever to 'think ahead'. In this respect, the National Defence Academy now doubles as the army's think-tank.

When the centre-right coalition government was formed in 2000, Herbert Scheibner (Freedom Party) became the minister of defence, followed by Günther Platter (People's Party) in 2002. The current 'big coalition' government appointed Norbert Darabos of the Social Democrats as the new minister in January 2007.

In December 2001, command of the National Defence Academy had been handed to General Raimund Schittenhelm. He had already taught tactics, logistics, command and organisation at the Academy in 1978-87. As a long-time chef de cabinet, serving four ministers, he had developed a high degree of understanding for political affairs. His term of office saw the move to the beautifully restored 'academy wing' in 2003-04. He took

Trotz des Schwergewichts auf internationalen Einsätzen besteht weiter die Notwendigkeit einer kampfkräftigen und zeitgemäßen Ausrüstung und Ausbildung (Kampfpanzer „Leopard II").
Despite the shift of emphasis to international missions, conventional forces and weapons still form a necessary element of the armed forces ('Leopard II' main battle tank).

Unter den Teilnehmern am ersten Strategischen Führungslehrgang – hier vor dem Flug in das Kosovo vor einer „Hercules" C-130 des Bundesheeres – war auch der Generaldirektor für die öffentliche Sicherheit, Dr. Erik Buxbaum (Frühjahr 2004).
Among the participants in the first Strategic Leadership Course – seen here in front of a C-130 'Hercules' aircraft before flying to Kosovo – was Dr. Erik Buxbaum, the Director General for Public Safety (spring 2004).

kurse an der Akademie gelehrt hatte. Durch seine Tätigkeit als Kabinettschef von immerhin vier Ministern verfügte er über besonderes Verständnis für politische Zusammenhänge. Neben der Übersiedlung in den prächtig renovierten Akademietrakt (2003/04) stand für ihn daher die Schaffung einer „Strategic Community" im Vordergrund, in deren Zentrum die Landesverteidigungsakademie ihren natürlichen Platz hat. Ein besonderes Element dieses Programms ist der seit 2003 jährlich abgehaltene "Strategische Führungslehrgang" für hochrangige Vertreter aus Verwaltung und Wirtschaft, um das Wissen voneinander und das Verständnis für sicherheitspolitische Fragen zu vertiefen.

Damit knüpfte Schittenhelm in gewisser Weise an jene Überlegungen an, die vier Jahrzehnte zuvor zur Entwicklung der Umfassenden Landesverteidigung und zur Errichtung der Landesverteidigungsakademie geführt hatten. Die Verbindungen zur universitären Welt wurden weiter intensiviert, ebenso die internationalen Kontakte. So wurde 2004 der dreijährige Generalstabslehrgang als vollwertiges Diplomstudium anerkannt, das mit einem Magistergrad der Universität Wien abgeschlossen wird. Stabslehrgang 2 und Führungslehrgang 2 bilden zusammen einen

Am 9. September 2004 wurde der (symbolische) Schlüssel zum renovierten Akademietrakt in einer feierlichen Zeremonie dem Kommandanten, General Raimund Schittenhelm, übergeben.
On 9 September 2004, the (symbolic) key to the newly renovated Academy Wing was formally handed over to the Commandant, General Raimund Schittenhelm.

Das akademische Niveau der Ausbildung der Generalstabsoffiziere wurde durch die nachträgliche Sponsion zum Mag.phil. am 12. Oktober 2004 anerkannt. In der ersten Reihe v.l.n.r. Vizerektor Dr. Arthur Mettinger und Univ.-Prof. Dr. Ekkehard Weber (beide Universität Wien), der Generalstabschef, General Mag. Roland Ertl, sein Stellvertreter, Generalleutnant Mag. Wolfgang Spinka, und der Leiter der Kontrollsektion, Generalleutnant Mag. Theodor Mather.
In October 2004, the academic quality of the training for general staff officers was recognised by their retrospective graduation as M.A.'s by the University of Vienna. Seen here during the ceremony at the Academy are professors Dr. Arthur Mettinger and Dr. Ekkehard Weber (University of Vienna), the Armed Forces' Chief of Staff, General Roland Ertl, his deputy, Lieutenant General Wolfgang Spinka, and Lieutenant General Theodor Mather.

Lehrgang universitären Charakters, der ebenfalls mit einem entsprechenden Diplom endet.
Während das MilGeo-Institut 2002 wieder aus dem Rahmen der Akademie ausschied (aber im selben Gebäude untergebracht ist), erfuhr das Institut für Wehrpädagogik eine Neuorientierung als Institut für Human- und Sozialwissenschaften, die der Bedeutung der militärischen Ethik und der (militärischen) Soziologie gerade angesichts der umfassenden Dimensionen moderner Konflikte besser gerecht werden sollte.
„Umfassender Sicherheitsbegriff" und „umfassende Bedrohungen" waren Schlagworte, die in der sicherheitspolitischen Diskussion nach dem Ende des Ost-West-Konflikts häufig zu hören waren. Die terroristischen Anschläge des 11. September 2001 auf Ziele in Washington und New York, gefolgt von den Bombenanschlägen in Madrid (11. März 2004) und London (7. Juli 2005) und zahlreichen kleineren

great personal interest in the establishment of a 'strategic community' in Austria. The National Defence Academy served as the obvious central pillar, bringing together military, civilian, and economic leaders. In 2003, an annual Strategic Leadership Course was initiated for high-level representatives from the different sectors to better understand issues of security policy.
Thus, General Schittenhelm continued the process which had underpinned the 'comprehensive national defence' concept of the sixties and the establishment of the National Defence Academy in 1967. Co-operation with academia was further intensified, as were international contacts. In 2004, the General Staff Course received full recognition as an M.A. study programme by the University of Vienna. Staff Officer Course 2 and Command Course 2 together gained academic recognition as a post-graduate master's degree. In 2002, the Institute for Military Geography was transferred away from the Academy (but is still housed

Neben der UNO, der EU und der OSZE ist die NATO eine der wichtigsten Trägerorganisationen internationaler Sicherheit. Vortrag des NATO-Generalsekretärs Jaap de Hoop Scheffer an der Landesverteidigungsakademie am 18. November 2004.
In addition to the UN, the EU and the OSCE, NATO is among the most important organisations when it comes to international peace and security. Lecture by NATO Secretary General Jaap de Hoop Scheffer at the National Defence Academy, on 18 November 2004.

Attacken, lenkten die Aufmerksamkeit vieler Zeitgenossen auf die vielfältigen Bedrohungen, denen unsere Gesellschaft ausgesetzt ist. In einer Zeit, in der die Aufgaben des Staates in allen Bereichen reduziert werden, während die Rolle nichtstaatlicher Akteure zunimmt, lässt sich auch der Schutz vor Bedrohungen aller Art nur in einem umfassenden Sinn verstehen, ist ein umfassendes Studium der möglichen Szenarien wichtiger denn je. Auch wenn Schlagworte wie „asymmetrische Kriegführung" oder „effects-based operations" (EBO) neu sind, haben sich doch gewisse Grundsätze der Strategie und Operationsführung kaum geändert. Neu sind freilich die Rahmenbedingungen und die technischen Möglichkeiten. Mehr denn je stellt sich die Herausforderung eines ganzheitlichen, integrativen Verständnisses. Damit aber kann die Landesverteidigungsakademie in gewisser Weise an ihren

in the same building). At the same time, the Military Pedagogic Institute became the Institute for Human and Social Studies, stressing the importance of ethics and military sociology in reflecting the wide dimensions of contemporary conflicts.
Comprehensive security and wide-ranging threats in the nineties became constant themes in security policy discourses. The major terrorist attacks of 11 September 2001 in New York and Washington, of 11 March 2004 in Madrid and of 7 July 2005 in London, in addition to numerous less prominent attacks, have amply demonstrated the threats faced by western society. In an age when the role of the state as an actor is being gradually eroded in all spheres, and the role of non-state actors is increasing accordingly, protection against such threats can only be achieved by a comprehensive approach. Terminology like 'asymmetric warfare' and 'effects-based operations' may be

Angesichts der Globalisierung sind weltweite Kontakte auch für das Militär wichtiger denn je. Besuch einer chinesischen Delegation an der Landesverteidigungsakademie 2004 (rechts vorne der Akademiekommandant, General Raimund Schittenhelm, neben Hofrat Dr. Rudolf Hecht).
Globalisation makes world-wide contacts for the military more important than ever. Visit of a Chinese delegation to the National Defence Academy in 2004 (at right, the Commandant, General Raimund Schittenhelm, next to Dr. Rudolf Hecht).

ursprünglichen Auftrag einer Umfassenden Landesverteidigung anschließen.
In konsequenter Weiterführung des universitären Weges versteht sich die Landesverteidigungsakademie mittlerweile als die „Universität des Bundesheeres", was sich nicht zuletzt in der engen Verflechtung mit den Universitäten des In- und Auslandes zeigt. Mehrere Forscher und Lehrer der Akademie haben sich an österreichischen und ausländischen Universitäten habilitiert oder unterrichten in Form von Lehraufträgen und tragen so zum lebendigen Dialog zwischen zivilen und militärischen Institutionen der Wissenschaft bei. In diesem Zusammenhang ist insbesondere die 2004 errichtete Stiftungsprofessur für Sicherheitspolitik an der Universität Innsbruck zu nennen.
Im Rahmen der NATO-PfP entwickelte sich mit dem „Konsortium" der verschiedenen militärischen Akademien, Universitäten und anderen Einrichtungen der

new, but many principles of strategy and operations remain valid. As political and social environments have changed alongside technical developments, it is crucial to understand the threats in relative terms. In a sense, the National Defence Academy is faced with a situation similar to that of four decades ago, when 'comprehensive national defence' replaced purely military border protection.
In practical terms, the National Defence Academy has achieved high academic standards and sees itself as the university of the armed forces. Many of the Academy's researchers teach at civilian universities, thus contributing to a lively civil-military dialogue in the academic field. There is constant co-operation with universities and think-tanks in Austria and abroad, including the Chair for Security Policy established at the University of Innsbruck in 2004.
Within the framework of NATO-PfP, a 'Consortium' of defence academies and

In der NATO-Partnerschaft für den Frieden (PfP) wurde die Zusammenarbeit zwischen den militärischen Akademien, Universitäten und Forschungsinstituten der teilnehmenden Staaten im Rahmen des „PfP-Consortiums" verstärkt. Im März 2003 fand die „Conference of Commandants" des PfP-Consortiums in Wien statt.
The NATO Partnership for Peace (PfP) offered a basis for better co-operation between military academies, universities and research institutions of the participating countries. This network became known as the PfP Consortium. In March 2003, the Consortium's Conference of Commandants was held in Vienna.

höheren Lehre und Forschung (PfP-Consortium) eine rege internationale Zusammenarbeit, an der die Landesverteidigungsakademie von Anfang an führend beteiligt war. 2003 fand in diesem Rahmen die „Conference of Commandants", die alle ein bis zwei Jahre stattfindende Tagung der Kommandanten der beteiligten Institutionen, in Wien statt. Daneben sind die Institute der Akademie in die verschiedenen Arbeitsgruppen eingebunden bzw. haben einige von ihnen initiiert.
Wo steht die Landesverteidigungsakademie heute, vierzig Jahre nach ihrer Gründung? Weit stärker wohl, als man das 1967 erwartet hätte, ist sie die zentrale militärische und sicherheitspolitische Forschungsstätte in Österreich, weit über das militärische Umfeld hinaus auch von zivilen Institutionen anerkannt und geschätzt – die Universität des Bundesheeres eben. Im internationalen Umfeld präsentiert sie sich als eine führende Institution der Forschung und Lehre. Gerade angesichts der weltweiten Bedrohungen des Friedens

policy institutes has been established, with the involvement of the National Defence Academy from the outset. In 2003, the Consortium's annual (sometimes biannual) 'Conference of Commandants' was organised in Vienna. Several institutes of the Academy contributed to, and in some cases actually initiated, the working or study groups organised by the Consortium.
Where does the National Defence Academy stand in 2007, forty years after its establishment? It is the central institution for military and security policy research and training in Austria. Going far beyond purely military matters, it has become a respected partner for many civilian institutions, including universities. Internationally, it has gained in reputation and credibility as well. Although Austria has chosen to remain neutral, this does not mean that the country should or could embark on a policy of isolation. Quite the contrary, an active involvement in international peace efforts fits in well with the tradition of an 'active neutrality policy'

Am 5. Dezember 2006 besuchte der Oberbefehlshaber des Bundesheeres, Bundespräsident Dr. Heinz Fischer, die höchste militärische Bildungsstätte in Österreich. Links vorne der Bundespräsident neben General Mag. Raimund Schittenhelm, mit – v.r.n.l. – Hofrat Dr. Günther Fleck (IHSW), Brigadier Dr. Walter Feichtinger (IFK), Hofrat Dr. Rudolf Hecht (ISS), Oberst dG Mag. Roman Horak (IHMF) und Oberst Rudolf Sturmlechner (FüA).
In Austria, the Federal President is also the Armed Forces' Commander-in-Chief. Dr. Heinz Fischer visited his National Defence Academy on 5 December 2006. He is seen here during the introduction to the directors of the Academy's institutes.

und im Hinblick auf die ebenfalls weltweiten Friedenseinsätze ist es geboten, umfassend zu denken. Weniger denn je kann Österreich als „Insel der Seligen" gesehen werden, auf der man sich um weltweite Bedrohungen keine Gedanken zu machen bräuchte. Eine möglichst aktive Sicherheitspolitik ist die logische Fortsetzung jener „aktiven Neutralitätspolitik", wie sie einst der langjährige Außenminister und spätere Bundeskanzler Dr. Bruno Kreisky – in bewusster Abweichung von der damaligen schweizerischen Neutralitätspolitik – entwickelt hatte und die sich in einem starken Engagement in internationalen Organisationen und in internationalen Friedenseinsätzen verwirklichte. Im konzeptiven Bereich wie auch in der Umsetzung von Forschung und Lehre wird die Landesverteidigungsakademie Wien weiter eine führende Rolle spielen.

already formulated by Bruno Kreisky, first as foreign minister and then as federal chancellor in the sixties and seventies, as an alternative to the contemporary Swiss model of 'strict neutrality'. In due course, this has led to active involvement in international organisations and in peace operations. In this context, the National Defence Academy in Vienna will continue to play a leading conceptual role in defence and security matters, while its research and training facilities enhance an expanded view of today's security environment.

Institut für Höhere Militärische Führung (IHMF)

Institute for Strategic Leadership Training

Das Institut für Höhere Militärische Führung war, zunächst noch als Lehrabteilung bzw. als Lehrgruppe I, seit Gründung der Landesverteidigungsakademie ein „Herzstück" derselben. Die Fort- und Weiterbildung der Offiziere auf oberer taktischer und operativer Ebene und die damit verbundenen Forschungsaufgaben waren im Selbstverständnis der Akademie immer eine ihrer zentralen Aufgaben. Von Anfang an waren die dreijährigen Generalstabskurse und die Truppenkommandantenkurse (heute:

This Institute, always the core element of the National Defence Academy, was originally called the Training Department. It later became known as Training Group I, then as the Institute for Higher Officer Training, and eventually the Institute for Strategic Leadership Training. The training of officers at the higher tactical and operational levels and the relevant research was and still is more or less the central task of the Academy. From the beginning, the principle courses consisted of a three-year General Staff Course and the Commanding Officer Course (battalion

Taktikausbildung eines Lehrganges in der Lehrgruppe I (1969) anhand einer Prinzipskizze durch den damaligen Major des Generalstabes Adolf-Erwin Felber (später Kommandant der Theresianischen Militärakademie).
Tactical instruction at the National Defence Academy in 1969. Pointing to the blackboard is Major Adolf-Erwin Felber, who was later promoted general and Commandant of the Theresian Military Academy.

Führungslehrgang 2) durchzuführen – letztere für die Kommandantenausbildung auf Ebene des kleinen Verbandes (d.h. eines Bataillons). Dazu kam der Stabsoffizierskurs (heute geteilt in die Stabslehrgänge 1 und 2) zur Vermittlung der Kenntnisse und Fertigkeiten für eine Verwendung in Stäben (ebenfalls auf Ebene kleiner Verband).

Die im Laufe der Zeit geänderten Einsatzkonzepte fanden ihren Niederschlag in der Ausbildung des Offizierskorps und damit auch in den Aufgaben der Lehrabteilung. Dies äußerte sich in der Einführung neuer Kurse und Lehrgänge und führte zu einer Änderung in den Zuständigkeiten im Rahmen der Offiziersweiterbildung. So wurde der erste Teil des Stabsoffizierskurses (= Stabslehrgang 1) an die Theresianische Militärakademie in Wiener Neustadt abgetreten. Hingegen führt die Landesverteidigungsakademie die aufbauenden Lehrgänge – Stabslehrgang 2 und die Führungslehrgänge 2 und 3 – durch. Diese sind eine Folge des Bedarfs einer entsprechenden Zahl von Kommandanten und Stabsoffizieren angesichts der Strukturänderungen nach Ende des „Kalten Krieges" – inzwischen wurde der große Verband (d.h. die Ebene Brigade und darüber) zur wesentlichen taktischen Führungsebene.

Die zunehmende internationale Verflechtung von Einsätzen und die gestiegene Zahl an Auslandseinsätzen erforderten eine Anpassung der entsprechenden Lehrinhalte. Die Lehrgänge wurden zunehmend international und bezüglich Ausbildungsschwerpunkten und Ausbildungszeiten an internationale Lehrgänge angepasst. Die erfolgreiche Absolvierung eines Kurses in Österreich wird heute international anerkannt. Darüber hinaus wird eine möglichst häufige Teilnahme an internationalen Übungen zumindest für

Taktikausbildung des 11. Generalstabskurses mit dem Kriegsspielsystem „Pegasus" bei der Übung „Burgduell" (1987).

Tactical instruction for the 11th General Staff Course, using the 'Pegasus' wargaming system, during the 'Burgduell' exercise (1987).

commanders' level, now called Command Course 2). In addition, the Staff Officer Course (now split into Staff Officer Courses 1 and 2) trained officers for staff work at battalion level.

Changing military doctrines affected officer training in general and the work of the Institute in particular. New courses were introduced, and responsibilities changed. A part of the Staff Officer Course (the new Staff Officer Course 1) was moved to the Military Academy in Wiener Neustadt, whereas follow-on courses (Staff Officer Course 2, and Command Courses 2 and 3) are still taught at the National Defence Academy. Officers are trained for command and staff functions at the brigade level and above, taking into account numerous structural changes since the end of the Cold War.

Increasing international co-operation and the rising number of missions abroad led to training changes. The number of foreign students grew, requiring more compatibility with courses held abroad. A course successfully completed in Austria is now internationally recognised. Moreover, many of the longer courses now include participation in international exercises. This has long been the case with the General Staff Course, and has since become an integral part of the Command Course 2.

Im November 2003 beteiligte sich ein größeres Kontingent der Landesverteidigungsakademie an der Übung „Allied Action 03" in Istanbul. Blick in den „Gefechtsstand" der österreichischen Division.
In November 2003, a significant contingent from the National Staff Academy participated in the NATO-PfP Exercise 'Allied Action 03' in Istanbul. View of the Austrian 'division headquarters'.

die längerdauernden Lehrgänge angestrebt. Für den Generalstabslehrgang ist diese schon „business as usual"; auch für den Führungslehrgang 2 ist ein internationaler praktischer Ausbildungsabschnitt bereits fix implementiert.
Eine weitere Folge ist die intensivere Zusammenarbeit mit anderen nationalen und internationalen Ausbildungseinrichtungen, um gemeinsam die Kenntnisse und Erfahrungen der anderen Institutionen jeweils für die eigene Tätigkeit zu nutzen. Hier sind besonders die Sicherheitsakademie des Bundesministeriums für Inneres, die Diplomatische Akademie und die Führungsakademie der deutschen Bundeswehr zu nennen.
Die Komplexität sicherheitspolitischer Entscheidungen führte zur Einrichtung des „Strategischen Führungslehrganges". Dieser wird im Auftrag der Bundesregierung in Zusammenarbeit mit einer Reihe anderer Bundesministerien seit 2003 einmal jährlich durchgeführt. Er richtet sich an Spitzenvertreter der Politik, der öffentlichen Verwaltung und der Wirtschaft,

Co-operation with other training institutions, nationally as well as internationally, has intensified and includes the exchange of experience and information. Among partner institutions are the Security Academy of the Austrian Ministry of the Interior, the Diplomatic Academy in Vienna and the German Führungsakademie in Hamburg.
Taking into account the complexity of decisions in the field of security policy, a 'Strategic Leadership Course' has been established. This is organised once a year, on behalf of the government and in co-operation with other ministries for high-level executives from politics, public administration, and the economic field, and also from NGOs and the media. It aims at promoting a better understanding of the political aspects of security at the strategic level, and has helped to establish a 'strategic community' in Austria.
In recent years, military officers' training has been harmonised with civilian academic standards. The General Staff Course, in addition to its purely military elements, equates to an individual master's course (six semesters). Graduates thereby obtain an M.A.

aber auch an „Non-Governmental Organisations" (NGOs) und Medien, um das Verständnis für die sicherheitspolitischen Zusammenhänge auf strategischer Ebene zu verbessern und so zur Schaffung einer „Strategic Community" in Österreich beizutragen.

Eine entscheidende Entwicklung der letzten Jahre waren die Bestrebungen, die Offiziersfort- und -weiterbildung der zivilen universitären Ausbildung anzupassen. Als erster Schritt wurde der Generalstabslehrgang über den rein militärischen Ausbildungsgang hinaus als „individuelles Diplomstudium" (sechs Semester) eingerichtet. Die Lehrgangsteilnehmer schließen ihn mit ihrer Sponsion zum Magister im Fach Politikwissenschaften ab. Auch die Weiterbildung der Truppenoffiziere wurde nach akademischen Grundsätzen und Vorgaben umstrukturiert. Der Stabslehrgang 2 und der Führungslehrgang 2 werden nun als insgesamt viersemestriger Lehrgang universitären Charakters geführt, mit einem Abschluss als „Master of Security and Defense Management" (MSD).

Das für die Ausbildung notwendige Know-how ist unter den gegebenen Rahmenbedingungen im Institut selbst nur für die militärischen Kernbereiche abgebildet. Der zunehmenden Komplexität der militärischen Aufgabenstellungen wird durch die Einbindung von Fachleuten aus den anderen Instituten der Landesverteidigungsakademie und aus dem akademischen Bereich – vor allem der Universitäten Wien, Salzburg und Innsbruck – Rechnung getragen.

Im Institut für Höhere Militärische Führung stehen folgende Ausbildungs- und Forschungskapazitäten zur Verfügung:

Im Rahmen der Ausbildung ist man stets bemüht, die Ausbildungsmethoden und -mittel den modernsten Standards anzupassen. Doch gewisse Dinge bleiben gleich: Geländebesprechung mit dem 9. Generalstabskurs (1976 – oben) und mit dem 6. Führungslehrgang 2 (2005 – unten).

Training methods and aids are constantly being improved. Yet, some things never change: terrain assessments by the 9th General Staff Course (in 1976 – top) and the 6th Command Course 2 (in 2005 – below).

degree in political science from the University of Vienna. Staff Officer Course 2 and Command Course 2 combined are accredited as a university-type post-graduate course (four semesters), leading to the 'Master of Security and Defense Management' (MSD). The Institute provides the necessary knowledge for the military core subjects, and additional expertise is brought in from the

Das Referat Operation beschäftigt sich mit der Umsetzung einer politischen Zielsetzung in militärisches Handeln, dem Zusammenwirken der verschiedenen Teilstreitkräfte und der hierfür notwendigen nationalen und multinationalen Kooperation.
Das Referat Taktik bearbeitet die Umsetzung militärischer Aufgabenstellungen in konkretes militärisches Handeln vor Ort, mit dem Zusammenwirken der Waffengattungen, dem Kampf der verbundenen Waffen im nationalen sowie im multinationalen Rahmen.
Das Referat Logistik ist für die Bereitstellung der für die Auftragserfüllung notwendigen Einrichtungen, Güter und Dienstleistungen im nationalen und multinationalen Rahmen zuständig.
Das Referat Führungs- und Organisationslehre befasst sich mit der nationalen und multinationalen Aufbau- und Ablauforganisation innerhalb und zwischen Führungsebenen sowie mit den dafür notwendigen Führungstechniken.
Die Hauptaufgaben der Referate im jeweiligen Fachbereich sind:

- die Durchführung von Lehrveranstaltungen,
- die Forschung über die Entwicklungen im jeweiligen Fachbereich,
- die Mitwirkung bei der Erstellung und Weiterentwicklung der Curricula für die Lehrgänge und bei deren Evaluierung,
- die Mitarbeit bei der Erstellung von Vorschriften,
- die Betreuung der Lehrgangsteilnehmer bei ihren Arbeiten,
- die Erstellung und Durchführung von Übungen,
- die Mitwirkung bei internationalen Ausbildungsvorhaben und
- die Zusammenarbeit mit anderen nationalen Lehran-

other institutes of the Academy, as well as from academia. Particularly good relationships exist with the universities of Vienna, Salzburg and Innsbruck.
For training and research, the Institute comprises the following four elements:
- The Operations Branch deals with the translation of political aims into military action, collaboration and synchronisation with different entities, and national and multinational co-operation.
- The Tactical Branch deals with the transformation of military tasks into concrete military action on the spot, and co-operation between the different arms of service, and the joint arms in battle – again, in a national as well as multinational context.
- The Logistics Branch deals with the necessary infrastructure, goods and services, in the national as well as multinational context.
- The Command and Organisation Branch deals with national and multinational structural organisation and workflow management at and between different command levels, and the relevant leadership skills.
In each of these four branches, the main tasks are:

In den letzten Jahren wurde das akademische Niveau der Generalstabsausbildung durch die Sponsion zum Mag.phil. anerkannt. Im Bild die feierliche Sponsion der Absolventen des 17. Generalstabslehrganges im Festsaal der Universität Wien (2006).
In recent years, the high academic level of general staff training was recognised by graduates receiving an M.A. from the University of Vienna. The picture shows the graduation ceremony for the 17th General Staff Course at the University (2006).

stalten und universitären Einrichtungen sowie mit ausländischen militärischen Akademien und Universitäten.

Derzeit werden am Institut neben dem schon erwähnten Strategischen Führungslehrgang folgende Lehrgänge regelmäßig durchgeführt:

Der Generalstabslehrgang dauert sechs Semester und ist der höchstrangige Lehrgang für Offiziere des Bundesheeres. Er vermittelt den dafür ausgewählten Offizieren alle grundlegenden Kenntnisse und Fertigkeiten, die diese künftig zur Übernahme höchster Kommandanten-, Leitungs- und Stabsfunktionen im Bundesheer und im Rahmen von multinationalen Kommanden befähigen. Der Lehrgang wird als individuelles Diplomstudium geführt, die Lehrgangsteilnehmer schließen die Ausbildung mit dem akademischen Grad „Magister" ab.

Der Grundausbildungslehrgang für den Intendanzdienst vermittelt Offizieren mit einem abgeschlossenem Hochschulstudium der Rechtswissenschaften, Sozial- und Wirtschaftswissenschaften oder erfolgreich absolviertem Aufstiegslehrgang in zwei Semestern ergänzend jene militärspezifischen Kenntnisse, die zur Wahrnehmung von Leitungs-, Fach- oder höher qualifizierten Stabsfunktionen insbesondere in den Bereichen Verwaltungsentwicklung, Ressourcenmanagement, Personalführung, Controlling und Rechtsberatung im Bundesheer und im internationalen militärischen Umfeld befähigen.

Der Grundausbildungslehrgang für Offiziere des höheren Dienstes (im Personalrecht als „MBO 1" bezeichnet) vermittelt allen Offizieren, die ein für die Verwendung im militärmedizinischen, im höheren militärfachlichen oder höheren militärtechnischen Dienst erforderliches Universitätsstudium abgeschlossen haben, ergänzend jene militärspezifischen Kenntnisse, die zur Wahrnehmung von Spezialfunktionen im Bundesheer oder im internationalen militärischen Umfeld be-

- *organisation of training units,*
- *research on recent developments,*
- *establishing and developing curricula for training courses, including their evaluation,*
- *contributing to the formulation of relevant manuals,*
- *assisting the students in their course work,*
- *creating and carrying out training exercises,*
- *contributing to international training institutions and exercises, and*
- *collaboration with other national training institutions and universities, and with foreign military academies and universities.*

In addition to the Strategic Leadership Course already mentioned, the following courses are offered by the Institute on a regular basis:

- The General Staff Course runs for six semesters and is the highest-level training course offered to officers in the Austrian Armed Forces. Selected officers are taught all the fundamental skills and background required for those taking up the highest levels of command, and for command and staff functions of all levels. It is the equivalent of a master's course at the University of Vienna and graduates receive an M.A. in political science.

- The Higher Quartermaster and Legal Adviser Course (two semesters) is for officers who have obtained a university degree in law, in social and economic sciences or an equivalent qualification. It focuses on all the military-specific skills necessary to take on command, expert or staff functions in the fields of administrative development, resource management, personnel management, control and legal advice, both in the Austrian Armed Forces and in an international military environment.

- The Basic Course for Officers in Higher Grades of the Military Service conveys the necessary military-specific skills to officers who have already completed medical, technical or other studies at a university – ranging from medical, veterinary or pharmaceutical studies to psychology, pedagogics, geography, history, language studies, and technical engineering. Upon graduation, students are qualified for specialist positions both in Austria and in an international military environment.

fähigen. Darunter sind Tätigkeiten als Arzt, Veterinär, Pharmazeut, Psychologe, Pädagoge, Geograph, Historiker, Sprachmittler, Forscher oder Techniker.
Der Grundausbildungslehrgang für zivile Bedienstete des höheren Dienstes („A1") vermittelt zivilen Ressortangehörigen mit abgeschlossenem Universitätsstudium jene rechtlichen sowie militärspezifischen Kenntnisse, die sie für ihre Aufgabenerfüllung im Bundesheer benötigen.
Der Führungslehrgang 3 ist der höchstrangige Lehrgang für Truppenoffiziere des Bundesheeres. Er qualifiziert die Absolventen in einem Semester für Spitzenpositionen. Ausbildungsinhalte sind vor allem die für die Führung eines großen Verbandes notwendigen Kenntnisse und Fertigkeiten. Ergänzend hierzu werden die Lehrgangsteilnehmer in die Methoden und Verfahren der Stabsarbeit auf der militärstrategischen und operativen Ebene im nationalen und internationalen Umfeld eingewiesen.
Der zweisemestrige Führungslehrgang 2 soll jene Offiziere ausbilden, die als Kommandanten eines kleinen Verbandes bzw. einer gleichwertigen Position oder für besonders qualifizierte Stabsfunktionen bzw. als Referenten in einem Stab der oberen Führung oder der Zentralstelle vorgesehen sind. Das Ausbildungsschwergewicht liegt daher auf der Führung eines Bataillons der Kampftruppe und der Stabsarbeit auf Ebene der Brigade, unter Berücksichtigung der Auftragserfüllung in einem inter- oder multinationalen Umfeld. Der Führungslehrgang 2 ist zugleich der zweite Studienabschnitt des Lehrgangs universitären Charakters „Sicherheitsmanagement". Die Absolventen schließen ihn mit der Verleihung des akademischen

Die Teilnehmer des Brigadekommandantenkurses mit dem damaligen Kommandanten der Lehrabteilung, Brigadier Gernot Albrecht, im Sappeurtrakt der Stiftskaserne (1995).
The participants of the Brigade Commander Course with the Institute director, Brigadier General Gernot Albrecht, in 1995.

- The Basic Course for Civilians in Higher Grades of the Civil Service in the Ministry of Defence offers legal and military-specific skills to civil servants with a university degree.
- Command Course 3 (one semester) trains and prepares officers for command and control positions at brigade level. Special emphasis is placed on staff work at the military-strategic and operational levels, for both national and international environments.
- Command Course 2 (two semesters) trains officers for command positions at battalion level, for special staff positions at brigade level, and for equivalent functions in higher commands or the ministry. To familiarise the students with the special conditions in an international environment, participation in an international exercise has become a routine element of this course. The course also qualifies as the second part of the academic 'Master of Security and Defense Management' (MSD) course.
- Staff Officer Course 2 prepares officers for staff duties at the brigade or similar level, including service in a multinational environment. At the same time it qualifies as the first part of the MSD degree course.

Grades „Master of Security and Defense Management (MSD)" ab.

Der Stabslehrgang 2 dient der Vorbereitung der Offiziere auf eine Funktion in einem Stab der mittleren und oberen Führung. Den internationalen Verpflichtungen des Bundesheeres entsprechend wird eine Verwendung in einem multinationalen Stab vorgesehen. Der Stabslehrgang 2 stellt für jene Offiziere, die in weiterer Folge den Führungslehrgang 2 absolvieren, den ersten Studienabschnitt des Lehrgangs universitären Charakters „Sicherheitsmanagement" dar.

Erstmalige Verleihung der Dekrete und eines Ringes an die Absolventen des Stabsoffizierkurses für Reserveoffiziere. Links der Kommandant der Landesverteidigungsakademie, Korpskommandant Dipl.-Vw. Lothar Brósch-Fohraheim (1983).

For the first time, reserve officers were presented with a ring upon graduation from the Staff Officer Course (reserve) in 1983. On the left is the Commandant, Lieutenant General Lothar Brósch-Fohraheim.

Seit 2003 bilden der Stabslehrgang 2 und der Führungslehrgang 2 zusammen den Lehrgang universitären Charakters „Sicherheitsmanagement". Im Bild die Dekretübergabe zur Verleihung des „Master of Defense and Security Management" durch General Mag. Raimund Schittenhelm an die Absolventen des 4. Lehrganges Sicherheitsmanagement (2006).

Since 2003, Staff Officer Course 2 and Command Course 2 together qualify for the academic degree of 'Master of Defence and Security Management'. The picture shows the graduation ceremony of the 4th Security Management Course in 2006 (on the left the Commandant, General Raimund Schittenhelm).

Sprachinstitut des Bundesheeres

Austrian Armed Forces Language Institute

Die Sprachaus- und -weiterbildung war von Anfang an eine wesentliche Aufgabe der Vorgängerorganisationen der Landesverteidigungsakademie, beginnend mit der Aufstellung des Kommandos höhere Offizierskurse der Militärakademie mit Sitz in der Stiftskaserne 1956.

Der erste eigentliche Sprachlehroffizier war der damalige Major Johann Handler. Er stammte noch aus dem Ersten Bundesheer (Ausmusterungsjahrgang 1935), war ein begnadeter Reiter und wirkte eine Zeitlang an der Spanischen Hofreitschule. Da er nach dem Zweiten Weltkrieg einige Jahre in Südafrika gelebt hatte, sprach er ausgezeichnet Englisch. Nach Wiederaufstellung des Bundesheeres reaktiviert, leitete Major Handler anfangs im Alleinbetrieb die (vorerst ausschließlich englischen) Sprachkurse – offizieller Kurskommandant war Oberstleutnant des höheren militärischen Dienstes Dr. Mario Duic.

Hauptaufgabe war zunächst die Organisation und Durchführung der „C-Kurse“ (nicht ident mit der Konzeption der derzeitigen Sprachkurse). Diese dienten der sprachlichen Befähigung und Vorbereitung für eine Auslandsverwendung, vor allem zu verschiedenen Lehrgängen in den USA, welche auf Grund umfangreicher amerikanischer Materiallieferungen für das Bundesheer notwendig waren. Im Juni 1966 wurde Johann Handler (inzwischen Oberstleutnant) zum Leiter der Spanischen Hofreitschule bestellt. Sein

From the very beginning, language training was an important element of the Higher Officer Courses branch of the Military Academy, established in 1956.

The first language instructor was Major Johann Handler. He had received his officer's training in the inter-war years, having been commissioned in 1935, and was a remarkable horseman. After the war he worked for some time at the renowned Spanish Riding School (the 'White Horses' of Vienna). Having spent some time in South Africa, he spoke excellent English. He joined the Austrian Armed Forces on their re-establishment in 1955 and almost single-handedly organised a language training facility under the Higher Courses Commander, Lieutenant Colonel Dr. Mario Duic.

Training was limited to English at first, for officers attending courses in the United States (in connection with the considerable shipments of American weapons and equipment to Austria).

In June 1966, Handler (by now a lieutenant colonel) was appointed Head of the Spanish Riding School. He was succeeded at the Academy by Captain Heribert Berger as chief instructor for language training. The Staff Academy – soon to become the National Defence Academy – became the centre for further and higher language training in the army. Basic training took place at the Military Academy, first in Enns and then – from 1958 on – in Wiener Neustadt, where cadets were taught English (as of 1955), and French, Italian, Hungarian, and Russian (as of 1958).

Nachfolger als Leiter der Sprachausbildung an der Landesverteidigungsakademie wurde Hauptmann Heribert Berger. Grundlegende Absicht war von Anfang an, an der Stabsakademie eine qualifizierte Weiterbildung vorhandener Sprachkenntnisse zu betreiben, während die Basisausbildung an der Militärakademie in Wiener Neustadt (bzw. davor in Enns) in Englisch (seit 1955), Französisch, Italienisch, Russisch und Ungarisch (seit 1958) stattfand.

Das damalige Sprachkonzept sah vor, dass jeder Offiziersanwärter eine Fremdsprache zu erlernen hatte. Die Wahl blieb dem Einzelnen überlassen, sofern die Anzahl der Hörer für eine bestimmte Fremdsprache im Rahmen des Bedarfs lag. Lediglich für angehende Piloten und Techniker war Englisch obligatorisch. Die Weltsprachen Englisch, Russisch und Französisch wurden an der Militärakademie von zivilen Professoren oder geeigneten Offizieren unterrichtet.

Obligatorisch wurden die Nachbarsprachen Ungarisch, Tschechisch, Slowenisch, Italienisch und Serbokroatisch gelehrt.

Every cadet was required to learn at least one foreign language. Within certain limits (quotas were established for the different languages), the choice of language was left to the individual. For pilots and technicians English was, of course, mandatory. English, Russian and French were taught by civilian university professors or qualified officers.

Other languages included those from neighbouring countries: Hungarian, Czech, Slovene, Italian and Serbo-Croat.

Tests for language skills were developed in accordance with standards established at the University of Vienna. There was a special examination for military interpreters and translators, which emphasised military terminology, held at the then Staff Academy.

In order to read and understand military-specific literature, and to participate in staff and command exercises in foreign languages, military terminology formed a key element of language training offered at the Academy. Special training was offered to officers being sent abroad to attend foreign military academies or schools.

Austria's participation in international missions, together with the ever-growing need

Der Sprachunterricht im Jahre 1967 unterschied sich wesentlich von jenem in heutiger Zeit.
Language instruction in 1967 differed considerably from today.

Um bei der Bewertung von Sprachkenntnissen klare Maßstäbe anlegen zu können, wurde ein Verfahren in Angleichung an entsprechende Prüfungen an der Philosophischen Fakultät der Universität Wien eingeführt. Eine besondere Anforderung lag in der militärischen Dolmetschprüfung, welche die Beherrschung der militärischen Fachsprache zum Ziel hatte.

Seit 1988 fand eine fremdsprachliche Ausbildung für künftige Informations- und Nachrichtenoffiziere statt. Brigadier Mag. Friedrich Liebhard mit Einjährig-Freiwilligen (Reserveoffiziersanwärtern) in der Kirchner-Kaserne in Graz.

In 1988, special courses were introduced for reserve officers earmarked for information and intelligence tasks. Brigadier General Friedrich Liebhard with reserve officer candidates in Kirchner Barracks in Graz.

Die dienstliche Fortsetzung der Fremdsprachenausbildung für Lehrgänge an der Stabsakademie – mit Schwergewicht Generalstabskurse – zielte auf Beherrschung der militärischen Fachsprache, Befähigung zur Auswertung fremdsprachlicher militärischer Fachliteratur und Teilnahmefähigkeit an Planübungen in der gewählten Fremdsprache ab. Sondersprachkurse wurden zur Vorbereitung von Heeresangehörigen auf eine Entsendung an ausländische Militärakademien bzw. Waffenschulen abgehalten.

Mit Zunahme der internationalen Aufgabenstellungen – z.B. Teilnahme an UN-Missionen – sowie des Auswertungsumfangs ausländischer Quellen ergab sich die Forderung nach einem zentral organisierten Sprachendienst im Bundesheer. Dieser sollte Sprachausbildung, Sprachmittlung und Terminologieforschung sowie Dokumentation in sich vereinen, um drei grundsätzlichen Anforderungen zu genügen:

1. Die gesamte Sprachausbildung, einschließlich jener für die verfügbaren Sprachmittler, sollte streitkräfterelevant und ökonomisch im Bundesheer erfolgen.
2. Fremdsprachige militärische Fachliteratur und im Interesse liegende ausländische Informationen sollten rasch ausgewertet werden können.

to study foreign sources, led to calls for a centrally-organised language service for the whole army, to include language training, translation, terminology research and documentation, with three core criteria:

1. All language training, including the training of translators/interpreters, should be conducted by the army itself for budgetary reasons and to ensure emphasis on military relevant issues.

2. Foreign military literature and other relevant information from abroad should be made available as quickly as possible.

3. Communication with international partners should be paramount, particularly in the area of military terminology.

In 1967, when the Staff Academy became the National Defence Academy, these demands were at least partially met: suitably qualified officers were trained as interpreters and teachers at university level. In 1978, these officers were granted improved career paths in accordance with other university-trained officers such as doctors or lawyers. Until 1985, all language training took place within the framework of the Institute for Higher Officers' Training.

3. Die Verständigung mit und zwischen internationalen Partnern musste unter Berücksichtigung der militärischen Fachsprache sichergestellt werden.
1967, im Jahr der Umwandlung der Stabsakademie in die Landesverteidigungsakademie, wurde dieser Forderung insofern Rechnung getragen, als Offiziere mit entsprechender Truppenpraxis für die relevanten Fremdsprachen zu universitär geprüften Übersetzern, Dolmetschern und Fremdsprachenlehrern ausgebildet wurden. Diese ab 1978 einem eigenen Dienstzweig („Offizier des höheren militärfachlichen Dienstes") angehörenden und damit akademisch aufgewerteten Offiziere blieben noch bis 1985 im Personalstand des Instituts für Höhere Offiziersausbildung.
Die wachsenden Anforderungen an das militärische Fremdsprachenwesen führten 1985 zur Ausgliederung als eigenständiges „Institut IV" (Institut für Militärisches Fremdsprachenwesen, IMF). Der damalige Oberst des höheren militärfachlichen Dienstes (später Brigadier) Mag. Friedrich Liebhard, ein ausgebildeter Englisch-Dolmetscher und langjähriger Lehrer mit UN-Erfahrung im Nahen Osten, hatte daran maßgeblichen Anteil und sollte das Institut über zehn Jahre leiten.
Das neu geschaffene Institut umfasste aufgrund einer vorangegangenen Bedarfsermittlung neben dem Sekretariat drei Hauptreferate (Englisch, Romanische Sprachen, Slawische Sprachen und Ungarisch), wobei das 1983 verfügte Fremdsprachenkonzept für das Bundesheer vorsah, nur die Weltsprachen mit systemisiertem Personal abzudecken.
Das seit 1970/71 gemeinsam vom Außen- und Verteidigungsministerium veranstaltete jährliche „Wiener Seminar" der International Peace Academy (einem der UNO eng verbundenen Think Tank in New York) war seit 1976 vom damaligen Oberstleutnant Mag. Liebhard betreut worden und fand in der Folgezeit unter der Federführung des Instituts für Militärisches Fremd-

Ausbildung im Sprachlabor in früheren Zeiten.
Language training in earlier days.

In 1985, language training was separated from the Institute for Higher Officer Training to become the Institute for Military Languages (Institute 4) under Colonel (later Brigadier) Liebhard, a trained interpreter for English and an experienced teacher who had served with the UN in the Middle East. He was to remain in charge for more than ten years. The new Institute responded to the existing demand by setting up a secretariat and three language branches: English, Latin languages, and Slav languages and Hungarian. The new Army Doctrine of 1983 aimed at covering only the major foreign languages with permanently employed personnel, hiring instructors and translators for the others as needed.
The 'Vienna Seminar' of the International Peace Academy (a think tank in New York closely connected to the UN), organised annually by the Ministries of Foreign Affairs and Defence together from 1970/71 on, had been arranged by Lieutenant Colonel

Das jährliche „Wiener Seminar" der International Peace Academy wurde lange vom Sprachinstitut betreut. Im Bild Teilnehmer am IPA-Seminar 1976 (sitzend 4.v.l. UNDOF-Force Commander Generalmajor Hannes Philipp neben dem Akademiekommandanten Generalmajor Wilhelm Kuntner; stehend 2.v.r. Oberst Mag. Liebhard).
The annual 'Vienna Seminar' of the International Peace Academy was for a long time organised by the Language Institute. The picture shows participants in the 1976 seminar, including the then UNDOF Force Commander, Major General Hannes Philipp, and the Academy Commandant, Major General Wilhelm Kuntner; standing 2nd from right Colonel Liebhard).

sprachenwesen statt. Es war eine der ersten und wohl auch wichtigsten internationalen Veranstaltungen der Landesverteidigungsakademie (inzwischen betreut vom Institut für Friedenssicherung und Konfliktmanagement).
1988 wurde das Projekt „Nachrichten- und Verbindungsoffiziere" als dezentrales Ausbildungsvorhaben in Graz realisiert. Im Rahmen der Einjährig-Freiwilligen-Ausbildung für Miliz- und Reserveoffiziere erfolgte eine intensive Ausbildung in jenen Fremdsprachen, die den damaligen Interessenssphären entsprachen (Englisch, Russisch, Französisch, Italienisch, Serbokroatisch, Slowenisch, Tschechisch). Diese vor allem in der militärischen Fachsprache ausgebildeten Miliz- und Reserveoffiziere wurden in der Mobilmachungsorganisation verwendet und in Kaderübungen theoretisch bzw. in beorderten Waffenübungen praktisch weitergebildet.

Liebhard after 1976. Dealing with various aspects of international peace operations, it was one of the first and most important international events of the National Defence Academy. It is currently held under the auspices of the Institute for Peace Support and Conflict Management.
In 1988, a project for the language training of reserve officers for intelligence and liaison tasks was initiated in Graz, some 200 km (125 miles) south of Vienna. In Austria, potential reserve officers had the option of serving one year instead of the regular national service requirement of eight (now six) months, and could thereby be commissioned after successfully passing a series of call-ups and examinations. They were trained in all the languages then considered important, i.e. English, Russian, French, Italian, Serbo-Croat, Slovene, and Czech. Emphasis was placed on military terminology. These reserve officers were assigned

Nach dem Ende des „Kalten Krieges" erfolgte 1996 angesichts der neuen sicherheitspolitischen Lage in Europa und der daraus resultierenden Aufgabenstellungen eine Neuorganisation des Instituts. Unter dem neuen Leiter, Brigadier Heinz Kozak, gründete das nunmehrige Sprachinstitut des Bundesheeres (SIB) seine bundesweiten Aktivitäten auf die Entwicklung eines neuen Fremdsprachenkonzeptes für das Bundesheer und die Neufassung der Beschreibung sprachlicher Leistungsstufen gemäß dem entsprechenden NATO-Standardisierungsabkommen (STANAG 6001). Die daraus abgeleiteten Durchführungsbestimmungen für die Sprachausbildung legten als Zielsetzung die Herstellung der Sprachqualifikationen von Offizieren und Unteroffizieren des Bundesheeres sowie Bediensteten der Heeresverwaltung zur Sicherstellung der Aufgabenerfüllung am Arbeitsplatz in fremdsprachlicher Hinsicht und zur Herstellung der Interoperabilität im Rahmen von Aufgaben im Ausland fest. Als Schwergewichtssprache wurde Englisch bestimmt. Eine Prüfungsordnung einschließlich der an den Deskriptoren des STANAG 6001 orientierten Prüfmittel sowie eine bundesheerweite Prüfungsdatenbank normierten das Prüfungswesen.

Ebenso fiel in diese neue Phase des Fremdsprachenwesens der Aufbau einer dezentralen Organisation der Sprachausbildung unter Abstützung auf Gastlehrpersonal. Die Entwicklung eines sprachübergreifenden Terminologiereferates sollte die wissenschaftliche Basis aller Sprachaktivitäten sicherstellen. Der neue Aufgabenumfang sowie die beginnenden Umbauarbeiten im Akademietrakt, in dem das Institut seit 1990 untergebracht war, erforderten eine zeitweilige Übersiedlung aus dem Kasernkomplex hinaus. Bis Ende 2003 war das Institut daher in einem nahegelegenen Gebäude der Firma Palmers (Mariahilferstraße 38, nach dem im gleichen Haus befindlichen Geschäft allgemein als „Betten-Reiter" bezeichnet) untergebracht.

appropriate positions in the mobilisation order, and received additional refresher training during call-ups.

The end of the Cold War brought a changed situation in Europe, with new priorities for the military. To respond to these changes, the Institute, now headed by Brigadier General Heinz Kozak, was reorganised in 1996 as the Army Language Institute. It was responsible for the development of the army's new foreign language doctrine and a new definition of language proficiency levels according to NATO standards (STANAG 6001).

Language training was modified accordingly. Officers, NCOs, and civilians working in the Ministry of Defence were obliged to undergo the necessary language training to perform their tasks, including interoperability in missions abroad. English continued to be the most important foreign language. Examinations were remodelled and examination aids redesigned, taking into account the STANAG 6001 standards. An examinations data base covering the whole army was introduced.

In many cases the Institute relied on guest trainers. A terminology branch (covering all languages) was introduced to maintain a scholarly basis for all language-related activities. All this led to increased demands for space. At the same time, major restoration work started in the 'academy wing' of the Stift Barracks where the Language Institute had been housed since 1990. The Institute was therefore obliged to find a temporary home in another building nearby in 2003 (at Mariahilferstraße 38, a building commonly known as 'Betten-Reiter', after the large shop on the ground floor).

Brigadier General Kozak became the Academy's chief of staff and deputy commandant in July 2002, and Colonel Dr. Josef Ernst became acting head of the Institute, to carry on implementation of the new structure. The 'central tasks' branch now included sections for translation and terminology, language training and instruction support, examinations and quality management. A first

Nach der Bestellung von Brigadier Kozak zum Chef des Stabes und stellvertretenden Kommandanten der Landesverteidigungsakademie mit 1. Juli 2002 wurde Oberst des höheren militärfachlichen Dienstes Dr. Josef Ernst mit der Führung des Sprachinstitutes betraut, um das neue Konzept weiter umzusetzen und zu konsolidieren. Dies betraf insbesondere den Fachbereich „Zentrale Aufgaben" mit den drei neu geschaffenen Referaten Grundlagen der Sprachmittlung und Terminologie, Grundlagen der Sprachausbildung und Ausbildungsunterstützung sowie Prüfungswesen und Qualitätsmanagement. In diese Zeit fiel auch das erste am Sprachinstitut international organisierte sprachwissenschaftliche Symposion „250 Jahre Sprachausbildung im Österreichischen Militär am Beispiel des Tschechischen". (Da viele Soldaten der Habsburgischen Armee aus Böhmen und Mähren kamen, wurde Tschechisch an der Militärakademie in Wiener Neustadt seit ihrer Gründung 1752 unterrichtet.)
2003 wurde Brigadier Horst Walther zum neuen Institutsleiter bestellt. Als strategisches Ziel wurde die „Marktführerschaft" auf dem Gebiet der streitkräfterelevanten Fachsprache bestimmt. Dies bedingte ein abgestuftes Fortbildungsprogramm im militärischen Bereich, das auch das Gastlehr- und Gastdolmetschpersonal mit einschloss, um dieses stärker in das Institut zu integrieren.
2004 wurde erneut ein Symposion unter dem Titel „Die Fachsprache im Lichte der europäischen Integration" veranstaltet, bei dem versucht wurde, diesen Bereich nicht nur von der sprachwissenschaftlichen Seite, sondern auch vom Standpunkt der Wirtschaft und des Militärs zu beleuchten.
Kernaufgabe des Sprachinstituts ist die Einsatzunterstützung für im Ausland eingesetzte bzw. hiefür vorgesehene Kräfte des Bundesheeres. Diese erfolgt durch sprachlich-kulturelle Vorbereitung des zu entsendenden Personals sowie durch audio-visuelle Sprachführer bzw. Sprach-

international symposium was organised by the Institute to mark the 250th anniversary of formal language training in the Austrian military, with emphasis on Czech language training as a case study. (In the Habsburg Monarchy, a significant number of soldiers came from what is now the Czech Republic; therefore Czech had been taught at the Military Academy in Wiener Neustadt since its establishment in 1752).
In 2003, Brigadier General Horst Walther became the new head of the Language Institute. The 'strategic goal' of the Institute was defined: being the leading agency for military language matters. All fields were covered and guest trainers and interpreters were better integrated into the organisation.
In 2004, another international symposium was organised, on military-specific terminology and European integration. Contributions primarily covered language issues, but also included military and economic themes.
The core task of the Language Institute remains support for Austrian forces deployed abroad or preparing for new missions. This includes linguistic and cultural preparation of personnel. Audio-visual programmes, which incorporate cultural knowledge, provide a sort of 'survival guide' for soldiers.
The languages taught and studied at the Institute are divided up as follows:
- *working and command languages (for work in multinational staff functions and international bodies),*
- *mission area languages (those of the military forces and of the population in specific mission areas),*
- *'neighbourhood languages' (to cultivate 'good neighbourhood relations', for emergency aid missions across the borders and for harmonising military cultures), and*
- *intelligence and information languages (according to zones of interest).*

Significant military dictionaries, military-specific glossaries and numerous translation and interpretation tasks are representative of the important role played by the Institute in the linguistic field beyond training and

fibeln, die als „Überlebenssprachhilfe" auch kulturelle Hinweise beinhalten. Zur konkreten Schwergewichtsbildung am Sprachinstitut erfolgte eine am Bedarf des Bundesheeres orientierte Einteilung der Sprachen in:
- Führungs- und Arbeitssprachen (zur Arbeit in multinationalen Stäben und internationalen Gremien),
- Einsatzraumsprachen (militärische Kräfte und Bevölkerung des Einsatzraumes),
- Nachbarsprachen (zum Zwecke „guter Nachbarschaft", grenzüberschreitender Katastrophenhilfe und Harmonisierung der „Militärkulturen") sowie
- Nachrichten- und Informationssprachen (an Interessenszonen ausgerichtet).

Umfangreiche Militärwörterbücher, Fachglossare, einschlägige sprachwissenschaftliche Publikationen und unzählige Übersetzungs- sowie Dolmetschleistungen spiegeln die Kernkompetenz und damit auch den sprachwissenschaftlichen Primat auf dem Gebiet der streitkräfterelevanten Fachsprache wider.

Die Rückübersiedlung in den fertig gestellten Akademietrakt im November 2003 gab dem Sprachinstitut jene hervorragende räumliche und technische Ausstattung, die notwendig ist, um den mehrmals erweiterten Aufgabenbereich zu bewältigen. Den Grundsätzen der modernen Erwachsenenbildung wird Rechnung getragen.

In den folgenden Jahren setzte das Sprachinstitut folgende zusätzliche Aktivitäten:
- Neuorientierung der Kurse „Tactical English",
- Ausbildung des technisch-logistischen Personals für den „Eurofighter",

Militärischer Fachsprachenunterricht – Deutschkurs für ausländische Offiziere in einem Lehrsaal des „Betten-Reiter"-Gebäudes (um 2002).
Military language training – German for foreign officers, in one of the lecture rooms in the 'Betten-Reiter' building, ca. 2002.

teaching, and illustrate the degree of competence it has reached in the field of military-specific language studies.

Additional activities cover the following fields:
- *newly organised 'tactical English' courses,*
- *training of ground crews in preparation for the new Eurofighter 'Typhoon' aircraft,*
- *courses for 'air force English' (technical, logistic, tactical, operative),*
- *publication of an 'Almanac' as an annual report on activities,*
- *preparations for 'blended learning',*
- *support for the restructured military attaché network,*
- *inter-cultural competence – language as a 'force multiplier',*
- *reform of the military language doctrine in view of new military-strategic concepts,*
- *development of a military-specific language doctrine,*
- *establishment of future-oriented 'language reserves',*
- *linguistic/cultural exploration of European zones of interest with a view to possible Austrian participation, and*
- *development of military-specific terminology with emphasis on technical and legal aspects, disaster relief, 'economy and the armed forces', and asymmetrical threats.*

Projektpräsentation „EU-Erweiterung zum Anfassen" – zusammen mit einer Wiener Schule führte das Sprachinstitut des Bundesheeres 2004 einen internationalen Deutschkurs als Beitrag zur Vermittlung internationaler Kompetenz durch.
Presentation of the project 'Coming to grips with EU-Enlargement' – the Armed Forces Language Institute together with a Viennese school organised an international German course as a contribution to the promotion of international competence.

- Auf- und Ausbau des Angebots „Luftwaffenenglisch" (technisch bzw. logistisch, taktisch, operativ),
- Verfassen eines Almanachs als Tätigkeitsbericht und Informationsschrift,
- Vorbereitungsarbeiten für Blended Learning,
- Bedarfsdeckung für das geänderte Attaché-Netz,
- Interkulturelle Kompetenz als Force Multiplier,
- Neufassung des Fremdsprachenkonzeptes aufgrund der aktuellen militärstrategischen Konzeption,
- Entwicklung eines Fachsprachenkonzepts,
- Bildung von „Sprachreserven" in für das Bundesheer künftig bedeutsamen Sprachen,
- Sprachlich-kulturelle Aufbereitung der europäischen Interessenszonen unter Berücksichtigung möglicher österreichischer Partizipation sowie

Widespread co-operation with military and civilian universities, and with training establishments at national and international levels guarantees quality. An agreement has recently been reached with the Security Academy of the Ministry of the Interior on language training, and in 2007 one of the highlights was for Austria to act as host nation for the Professional Seminar of the

„Die Fachsprache im Lichte der europäischen Integration" – zweites Fachsprachensymposium im Jahre 2004 (v.l.n.r.: Brigadier Horst Walther, Oberst dhmfD Mag. Josef Ernst und Oberst dhmfD Dr. Wolfgang Zecha).
'Specific terminology in the light of European Integration' – the second major language symposium organised by the Institute in 2004.

- Anreicherung der Fachsprache in den Bereichen Technik, Recht, Katastrophenhilfe, Wirtschaft und Streitkräfte, sowie asymmetrische Bedrohung.

Zahlreiche Kooperationen mit in- und ausländischen militärischen bzw. zivilen Universitäten sowie Bildungseinrichtungen dienen der Qualitätssicherung im internationalen Kontext. Durch eine Kooperationsvereinbarung zwischen Landesverteidigungsakademie und Sicherheitsakademie fand sich auch für das Sprachinstitut eine Zusammenarbeitsbasis zu beiderseitigem Vorteil. Die Durchführung des internationalen Professional Seminars des BILC (Bureau for International Language Coordination) als Host Nation bedeutete für das Arbeitsjahr 2007 eine besondere Herausforderung für das Sprachinstitut.

Intern wurde nach mehrjährigem Vorlauf durch Leistungszeiterfassung und Kostenrechnung ein Qualitätsmanagementprozess in Gang gesetzt, um Arbeitsabläufe reibungsloser zu gestalten und zu einem umfassenden Controlling zu gelangen.

Die untrennbare Einheit von Kulturverständnis und Sprache als Grundlage des Force Multipliers Interkulturelle Kompetenz (auch am Beispiel der Zusammenarbeit innerhalb verschiedener Militärkulturen) unterstreicht die Richtigkeit der Arbeit des Sprachinstituts und seiner Vorgängerorganisationen. Ad multos annos!

2007 fungierte das Sprachinstitut des Bundesheeres als Gastgeber für das jährliche Professional Seminar des „Bureau for International Language Coordination" (BILC).

In 2007, the Language Institute hosted the annual Professional Seminar of the 'Bureau for International Language Coordination' (BILC).

Bureau for International Language Coordination (BILC).

To streamline procedures at the Institute, a high-quality management process has been put in place to evaluate work patterns and costs and lead to a comprehensive control structure.

In conclusion, the successful interaction between different military cultures has become indispensable in the modern world. The work carried out by the Armed Forces Language Institute continues the high standard of intercultural competence achieved by the Austrian Armed Forces. Ad multos annos!

Wörterbücher, Sprachfibeln und vieles mehr: die zahlreichen Publikationen belegen die vielfältigen Aufgaben des Sprachinstituts des Bundesheeres.

Dictionaries, handbooks and much more – some of the publications issued by the Austrian Armed Forces Language Institute.

Durch die computerunterstützte Sprachprüfung ist es möglich, gleichzeitig mehrere Teilnehmer auf ihre Fähigkeiten zu testen.
Computer-assisted language tests enable the testing of several participants at the same time.

Dolmetschdienste stellen eine wesentliche Aufgabe des Sprachinstituts dar. Die Garnisonskommandanten von Budapest, Laibach (Ljubljana), Prag (Praha) und Pressburg (Bratislava) mit dem Bürgermeister von Wien, Dr. Michael Häupl; neben dem Bürgermeister der Militärkommandant von Wien, Divisionär Karl Semlitsch.
Among the Institute's main tasks is the provision of interpreter services – such as during a visit of the garrison commanders of Bratislava, Budapest, Ljubljana and Prague to Vienna, seen here with the mayor, Dr. Michael Häupl, and the commanding general of Vienna, Major General Karl Semlitsch.

Verabschiedung eines Deutschkurses für ausländische Militärangehörige durch den Institutsleiter, Brigadier Horst Walther. Daneben der Kursleiter, Hauptmann Mag. Walter Rys, und der Betreuer der ausländischen Gäste, Oberleutnant Armin Rehor.
Brigadier General Horst Walther, the Institute's director, at the graduation ceremony of a German language course for foreign officers, assisted by the two officers responsible for these courses, Captain Walter Rys and Lieutenant Armin Rehor.

Institut für Strategie und Sicherheitspolitik

Institute for Strategy and Security Policy

Der Auftrag des Instituts für Strategie und Sicherheitspolitik umfasst das Erarbeiten von Grundlagenwissen sowie die Forschung und Lehre in den Bereichen von Strategien und Doktrinen, der internationalen Sicherheit und der diesbezüglichen zeit- und militärhistorischen Entwicklungen.

Das Institut wurde 1968 im Zuge der Umwandlung der Stabsakademie zur Landesverteidigungsakademie als Institut für Militärische Grundlagenforschung (Lehrgruppe III) gegründet, um die beiden „lehrenden" Institute (für Höhere Offiziersausbildung bzw. für Umfassende Landesverteidigung) zu unterstützen. Seine Aufgabe war es, das moderne Kriegsbild und dessen weitere Entwicklung zu erforschen, militärische Strategien zu vergleichen und den Einfluss der modernen Kriegführung auf die österreichische Landesverteidigung zu untersuchen. Es ging darum, Grundlagen für die Gestaltung der österreichischen Landesverteidigung zu erarbeiten. Dies konnte nur in Übereinstimmung mit dem strategischen und militärhistorischen Denken der Zeit erfolgen. Zur unmittelbaren Arbeitsunterstützung baute das Institut eine kleine

The main tasks of the Institute for Strategy and Security Policy include research and teaching on strategies and doctrines, international peace and security, and contemporary and military history.

The Institute was established in 1968 as the Institute for Military Studies ('Training Group III'), following the transformation of the Staff Academy into the National Defence Academy, to support the two 'teaching' institutes (for Higher Officer Training, and for Comprehensive National Defence, respectively).

Besuch von Wissenschaftlern der Landesverteidigungsakademie und von österreichischen Journalisten im HQ AFSOUTH in Neapel, 18. September 1986. V.l.n.r. Dr. Wilfried Aichinger, Dr. Heinz Magenheimer, Gerhard Washietl, John Williams (US-Botschaft Wien) und Eugen Freund.

In September 1986, researchers on the Academy staff and Austrian journalists visited HQ AFSOUTH in Naples. The picture shows Dr. Wilfried Aichinger and Dr. Heinz Magenheimer from the Academy together with Gerhard Washietl, John Williams (U.S. Embassy Vienna) and Eugen Freund.

Fachbibliothek – in Ergänzung der ebenfalls in der Stiftskaserne untergebrachten Ministerialbibliothek (heute Militärbibliothek) des Bundesheeres – auf, die ab 1972 zu einer EDV-gestützten Dokumentation erweitert wurde. Als 1973 der damalige Chefredakteur der Österreichischen Militärischen Zeitschrift (ÖMZ), Oberst Franz Freistetter, zum Institutsleiter ernannt wurde, begann das Institut mit der Herausgabe einer eigenen Schriftenreihe „Studien und Berichte". Daneben diente die ÖMZ als Plattform zur Veröffentlichung der Forschungsergebnisse. Das Institut wurde nunmehr als Institut für Militärstrategische Grundlagenforschung bezeichnet.
Als Folge der Verlagerung der Kompetenzen der Umfassenden Landesverteidigung zum Bundeskanzleramt wurde die bisherige Lehrgruppe II (Umfassende Landesverteidigung) 1974 zum Institut für Wehrpolitik. In Folge wurde 1978 das Institut für Militärstrategische Grundlagenforschung in Institut für Strategische Grundlagenforschung (ISG) umbenannt.
Das Interesse des damaligen Verteidigungsministers Dr. Friedhelm Frischen-

Its purpose was to research contemporary and future warfare and doctrines and compare different military strategies, with a view to preparing the necessary foundations for Austrian security and defence policy, in accordance with prevalent strategic, security policy, and historical thinking. A small library provided additional support to the library of the Ministry of Defence (now the Military Library), also housed at Stift Barracks, which from 1972 on would become a computer-based documentation branch. When the editor-in-chief of the Austrian Military Journal, Colonel Franz Freistetter, was appointed the new head of the Institute in 1973, he started a series of publications called 'Studies and Reports'. Articles resulting from research by members of the Institute were also published in the Austrian Military Journal. The Institute from then on was renamed the Institute for Military Strategic Studies.
When general responsibility for comprehensive national defence was moved to the Federal Chancellery in the seventies, 'Training Group II' (Comprehensive National Defence) was reorganised and renamed the

Symposion anlässlich des 20-jährigen Bestehens des Instituts für Strategische Grundlagenforschung 1988. Am Panel u.a. (v.r.) Divisionär Franz Freistetter, Dr. Anton Bebler, DDr. Heinz Vetschera und der Akademiekommandant, General Karl Schaffer, neben dem Generaltruppeninspektor, General Othmar Tauschitz.
The 20th anniversary of the Institute for Strategic Research was marked by a symposium. On the panel are (f.r.t.l.) among others Franz Freistetter, Dr. Anton Bebler, Dr. Heinz Vetschera and the Commandant, General Karl Schaffer, next to the Armed Forces Chief of Staff, General Othmar Tauschitz.

schlager führte 1985 zur Gründung eines neuen Instituts für Militärische Sicherheitspolitik, das das bisherige Institut für Wehrpolitik ablöste. Dieses Institut umfasste u.a. die Gebiete Sicherheitspolitik, Wehrsoziologie, Wehrpädagogik sowie friedenserhaltende Einsätze, was teils zu Doppelgleisigkeiten mit dem bestehenden Institut für Strategische Grundlagenforschung führte.

Angehörige der Akademie beim Wehrwissenschaftlichen Symposion 1989.
Members of the Academy at the Military Studies Symposium in 1989.

1992 wurde der sicherheitspolitische Forschungsbereich erneut umgegliedert. Das bisherige Institut für Militärische Sicherheitspolitik wurde – auf den Bereich der Wehrpädagogik reduziert – zur Grundlage der neuen Wehrpädagogischen Abteilung. Die Fachbereiche Sicherheitspolitik und Heer & Gesellschaft sowie friedenserhaltende Einsätze hingegen wurden einschließlich der damit befassten Personen an das bestehende ISG übertragen, das zur Forschungsabteilung wurde. Leiter wurde mit Hofrat Dr. Rudolf Hecht ein anerkannter Wissenschaftler, der auch an der Universität Wien lehrt. Gleichzeitig wurde die Zentraldokumentation ausgegliedert und als eigene Abteilung der Akademie eingerichtet.

Die nunmehrige Forschungsabteilung orientierte sich am Grundverständnis von Forschung, wie es im Universitätsorganisations- und Forschungsorganisationsgesetz festgelegt ist. Hiezu zählen insbesondere die verfassungsrechtlich geschützte Freiheit von Forschung und ihrer Lehre, die Bedeutung von Wissenschaft und Forschung für die Gesellschaft und die nationale und internationale wissenschaftliche Kooperation. Dem entsprach die Gliederung des Instituts in die Bereiche:

- Strategische Grundlagen,
- Internationale Sicherheit sowie
- Streitkräfte und Gesellschaft.

Institute for Defence Policy. As a consequence, in 1978, the Institute for Military Strategic Studies was renamed the Institute for Strategic Research.

In 1985, the personal interest of the then minister of defence led to the replacement of the Institute for Defence Policy by a new Institute for Military Security Policy. It comprised sections focussing on security policy, military sociology, pedagogy, and peacekeeping, which resulted in some duplication of the activities with the existing Institute for Strategic Research.

The Academy's research activities were consequently reallocated in 1992. The Institute for Strategic Research became the Research Department, integrating the elements of the Institute for Military Security Policy dealing with security policy and the armed forces and society. The military sociology and pedagogy branch became the nucleus of the new Military Pedagogy Department. The new director of the Research Department, Dr. Rudolf Hecht, had already gained a reputation as an eminent historian and expert in security studies. He also taught at the University of Vienna. At the same time, the Central Documentation Branch was upgraded and became a separate institute in its own right.

Research has always been conducted under the terms defined by the University and

Die Forschungstätigkeiten im Bereich der Strategischen Grundlagen bezogen sich im Wesentlichen auf die Phänomenologie der Streitkräfte, ihre Strukturen, Aufgaben und Einsatzdoktrinen, auf Gesamt- und Teilstrategien, die damals aktuellen und absehbaren technisch-naturwissenschaftlichen Probleme von Rüstungskontrolle und die sich daraus ergebenden strategischen Erfordernisse, auf das Denken von Krieg, Konflikten und aktuellen Überlegungen zum Kriegsablauf sowie auf offensiv- und defensivstrategische Rüstungen, Einsatzverfahren und Zielplanungen. In diesem Sinne wurden konkrete Forschungen durchgeführt zu Themenbereichen wie der Funktion offensivstrategischer Rüstung und Entwicklung der strategischen Doktrinen; strategische Verteidigung und militärische Nutzung des Weltraums; ABM-Vertrag – Entwicklung von Abwehrsystemen und Rüstungskontrolle; Streitkräfteanalyse und Einsatzkonzept; militärisches Umwelt- und Konfliktbild; Politik, Strategie und Erweiterung der NATO; Chemiewaffen und Rüstungskontrolle sowie Konflikte auf dem Balkan.

Der Fachbereich Internationale Sicherheit beschäftigte sich mit der Theorie und

Research Organisation Act, with emphasis on the freedom of science and research as defined in the Austrian Constitution.

The Research Department was organised in three branches:

- *Strategy,*
- *International Security, and*
- *Armed Forces and Society.*

Research in the strategic field included the general frame of reference of the armed forces, their structures, tasks and doctrines, comprehensive and partial strategies, the contemporary and future technical/scientific aspects of arms control and resulting strategic needs, contemporary thinking about war, patterns of war, and offensive and defensive arms. Projects and publications covered topics such as offensive strategic armament and doctrines; strategic defence and the military use of outer space; the ABM Treaty regarding the development of defensive arms and arms limitation; armed forces analysis and mission doctrine; military views on conflict vis-à-vis the environment; the effects of NATO enlargement; chemical arms and arms control, or conflict in the Balkans.

The International Security branch looked at theory and practice within the international system, relevant institutions and their tasks,

Mehrere Angehörige der Akademie und des Instituts spielten im KSZE-Prozess eine wichtige Rolle. Im Bild militärische Vertreter der KSZE-Staaten anlässlich des Treffens in der Wiener Hofburg im Juni 1991.
Several members of the Academy and the Institute played important roles in the CSCE Process. The picture shows military representatives from the CSCE countries at the Vienna meeting in June 1991, in the Imperial Palace.

Praxis des internationalen Sicherheitssystems, den dabei wesentlichen Institutionen und deren Aufträgen sowie mit den Maßnahmen und Mitteln der Absicherung der kooperativ gestalteten internationalen Ordnung einschließlich der Rüstungskontrolle und den möglichen Bedrohungen. Konkrete Forschungsthemen bezogen sich auf Fragenstellungen wie Neutralität – Status und Möglichkeiten; Entwicklung von NATO und WEU; Europa: Sicherheitsarchitektur und Sicherheitssysteme der Zukunft; Neue Bedrohungen und Ressourcenprobleme; UN-Peacekeeping – Theorie, Stand, Möglichkeiten sowie Recht der Rüstungskontrolle.

Der Fachbereich Streitkräfte und Gesellschaft hatte die Aufgabe, vor dem Hintergrund politischer und geistiger gesellschaftlicher Entwicklungen die Rolle der Streitkräfte als Instrument des demokratischen Staates und der Soldaten als Teil der bürgerlichen Gesellschaft und deren komplexe Beziehungen zu untersuchen. Diesbezügliche Forschungsthemen umfassten im Speziellen: sozialphilosophische Grundlagen der Gesellschaft; politische Systeme im Verhältnis zu ihren Streitkräften; Öffentlichkeit und Landesverteidigung sowie wehrpolitische Konzeptionen und deren gesellschaftspolitische Relevanz. Außerdem wurden Forschungen zur grundsätzlichen Wertfrage von Streitkräften; zur politischen Kontrolle; zum Einsatz von Frauen im Militär sowie zu multiethnischen und multireligiösen Problemen initiiert.

Zusätzlich ergab sich angesichts der geänderten Rahmenbedingungen der Bedarf eines Fachbereichs Internationaler Einsatz von Streitkräften zur Sicherung und Durchsetzung der Internationalen Ordnung. Dieser Bereich sollte sich im Speziellen mit Konfliktforschung, Friedenssicherung und Friedensdurchsetzung, internationalen Organisationen und Bündnissen beschäftigen.

Mit der zunehmenden Spezifizierung der Aufgaben und Personalveränderungen in

measures and means to protect the international order based on co-operative security, and potential threats. Projects and publications included the following subjects: the status and advantages of neutrality; the 1955 State Treaty and the 'missile clause'; developments of NATO and WEU; European security architecture and systems of the future; new threats and the question of resources; theories, current status and possibilities of UN peace-keeping, or the legal aspects of arms control.

The Armed Forces and Society branch studied the role of the armed forces as an instrument of the democratic state, of soldiers as part of society, and their complex interactions in political and social terms. Research topics included the philosophical foundations of society; political systems and their relations with the armed forces; public and national defence and defence policy concepts and their relevance for society. Other work dealt with military ethics; political control over armed forces; women in the armed forces; multi-ethnic and multi-religious issues.

A fourth area of research covered the field of international missions, where armed forces are required to secure and enforce international peace and security.

From the mid nineties, the increasing specificity of some tasks, together with personnel changes in other institutes, led to their being delegated to new institutes. The two latter fields of research (the armed forces and society, and international missions) were partially transferred to the Department for Military Pedagogy (now the Institute for Human and Social Sciences), and the new Institute for Peace Support and Conflict Management, respectively.

Partly in response to these changes, the Research Department was reorganised yet again, becoming first the Institute for Strategic Research and then, in 2001, the Institute for Strategy and Security Policy. The name reflected where the emphasis lay. In addition, the transfer of the research department of the Ministry's Office for Military

der damaligen Wehrpädagogischen Abteilung kam es ab 1995 zu Verlagerungen aus dem Bereich der Forschungsabteilung auf andere Institute; Teile der Bereiche „Streitkräfte und Gesellschaft" sowie „Internationale Einsätze" wurden von der Wehrpädagogischen Abteilung (heute: Institut für Human- und Sozialwissenschaften) sowie vom neuen Institut für Friedenssicherung und Konfliktforschung übernommen.

Die Abteilung wurde – teils in Folge dieser Verschiebungen – zum Institut für Strategische Forschung (ISF) und schließlich 2001 zum Institut für Strategie und Sicherheitspolitik umgegliedert. Verbunden damit war die Konzentration auf die beiden ersten Kernaufgaben Strategie und Sicherheitspolitik, erweitert durch die Zuführung der bisherigen Forschungsabteilung des Militärwissenschaftlichen Büros als (dritter) Fachbereich Zeitgeschichte. Damit wurde die Tätigkeit des Instituts um die Forschung im Bereich der zeitgeschichtlichen sicherheitspolitischen Rahmenbedingungen ergänzt und abgerundet.

Die Forschungen am Institut für Strategie und Sicherheitspolitik konzentrieren sich heute im Fachbereich Strategie neben Fragen der Doktrinen und Strukturen von Streitkräften auf das Verhältnis von Gesamtstrategien zu Teilstrategien, auf Aspekte der Ausformung der internationalen Ordnung (System und Gesellschaft), die neuen Herausforderungen und die Akteure, ihre Verhältnisse untereinander und ihre Möglichkeiten zur Gestaltung der internationalen Ordnung. Ferner werden Fragen der Geopolitik und Geostrategie großer Akteure diskutiert. Die Fragen nach der Sinnhaftigkeit von Strategie und dem Verhältnis von Gesamtstrategien zu Teilstrategien sind weitere Arbeitsschwerpunkte. Theorien internationaler

Studies to the Institute established a contemporary history branch, which augmented its capacity for research on strategy and security policy.

Nowadays, research at the Institute for Strategy and Security Policy in the Strategy Branch concentrates on questions of the doctrine and structure of armed forces; on general and specific armament developments including the political and legal aspects of control; theories of war; strategic theories, and the practice of states and alliances. Other issues include geo-politics and geostrategy, and the relationship between comprehensive and particular strategies; theories of international relations; strategic theories and methods and their resulting effects on state and non-state actors, and possible consequences for war theories and future war scenarios. Actor-specific studies include the EU, the USA, China, and India. Some research activities are integrated into international projects undertaken with the U.S. National Defense University or the

Das Institut behandelte Fragen der Strategie und Sicherheitspolitik in zahlreichen Seminaren und Vorträgen. Am Podium der Generaltruppeninspektor, General Horst Pleiner; daneben der Institutschef, Hofrat Dr. Rudolf Hecht, und der Akademiekommandant, General Ernest König (2001).

Relevant strategic and security policy issues were dealt with in seminars and lectures. Here the Armed Forces Chief of Staff, General Horst Pleiner, lectures, with the Institute's director, Dr. Rudolf Hecht, and the Commandant, General Ernest König, presiding (2001).

Beziehungen, strategische Theorien und Methoden und die daraus abzuleitende Praxis von Akteuren (souverän und nicht-souverän) sowie mögliche Konsequenzen für Kriegstheorie und das künftige Kriegsbild bilden einen weiteren Forschungsschwerpunkt. Abgerundet werden die Arbeiten durch akteursspezifische Forschungen wie z.B. zur EU, den USA, China, Indien etc. Die Arbeiten sind teilweise in internationale Forschungsprojekte eingebunden (z.B. mit der National Defense University in Washington und der British International Studies Association). Publikationen galten den Bereichen Geopolitik und Strategie, Sicherheitspolitik und Völkerrecht, Neutralität und Bündnisfreiheit, der europäischen Sicherheitsarchitektur sowie den Sicherheitsbeziehungen in Europa und im Mittelmeerraum.

Im Fachbereich Sicherheitspolitik werden Fragen des internationalen Rechts (inkl. das Neutralitätsrecht unter dem Aspekt globaler sicherheitspolitischer Entscheidungsprozesse), sowie der sicherheitspolitischen Theorie und Praxis einzelner Staaten bearbeitet. Rüstungskontrolle und vertrauensbildende Maßnahmen bilden einen wesentlichen Schwerpunkt im Rahmen der sicherheitspolitischen Forschung. Weitere Themen sind allgemeine und spezielle Rüstungsentwicklungen einschließlich politischer und rechtlicher Aspekte der Kontrolle; Kriegstheorie und Kriegsbild. Abgerundet werden die Arbeiten durch akteursspezifische Forschungen wie z.B. zum Balkan und Südosteuropa.

Im Bereich der Zeitgeschichte werden neben allgemeinen Themen zur Sicherheitspolitik spezielle Fragen, wie etwa die Entwicklung internationaler Friedensoperationen oder Erfahrungen aus den Einsätzen des Bundesheeres bearbeitet. Systematisch wird insbesondere die Entwicklung der österreichischen Sicherheitspolitik seit 1945 aufgearbeitet – ein bisher vor allem im universitären Bereich weitgehend vernachlässigter Bereich der Forschung. Dabei geht es vor allem um die

British International Studies Association, among others. Publications have included studies on geopolitics and strategy, security policy and international law, neutrality and non-alignment, and security policy in Europe and in the Mediterranean.

Research in the Security Policy Branch includes questions of international law, such as the law of neutrality, global security policy developments and decision-making processes. Other topics include arms control and confidence-building measures in theory and practice, and new threats, risks, and confrontations. Actor-specific research deals mainly with developments in south-eastern Europe.

The Contemporary History Branch studies specific questions such as the development of international peace operations, lessons from missions in which the Austrian Armed Forces have participated, and most particularly Austrian security policy in the wider European context since 1945. This last area of study had hitherto been largely ignored by contemporary history research (both within the army and at universities). With this in mind, conferences and publications on specific topics now aim at combining the results of international research with those on Austrian issues. So far, such topics have included Austria during the early Cold War; military aspects of the 1955 State Treaty; or the Hungarian Crisis of 1956 and Austria. These conferences and books have contributed to the Institute's standing in the international field, partly due to the integration of these activities into international projects such as the Parallel History Project or the Military History Working Group, established within the framework of the PfP Consortium. For the latter, the Institute organised the fifth annual conference in 2005, and will co-sponsor the 2008 conference in Ljubljana in Slovenia. In 2006, the head of the Contemporary History Branch was elected president of the Austrian Commission for Military History. Current projects are examining the Czechoslovak Crisis of 1968, and Austria in the CSCE Process.

Verknüpfung der Erkenntnisse der österreichischen mit jenen der internationalen zeithistorischen Forschung sowie mit der Geschichte des Bundesheeres, um so zu abgesicherten Darstellungen und Interpretationen zu gelangen. So soll auch der politische Zweck hinter den Einsätzen des Bundesheeres erforscht und die sicherheitspolitische Dimension der Militärgeschichte erarbeitet werden. Die in diesem Zusammenhang organisierten internationalen Tagungen und folgenden Publikationen – etwa über Österreich im frühen Kalten Krieg, die militärischen Aspekte des Staatsvertrages 1955 oder über die Ungarnkrise 1956 und Österreich – fanden im In- und Ausland entsprechende Beachtung und trugen wesentlich dazu bei, den wissenschaftlichen Ruf des Instituts zu festigen. Diese Forschungen sind eingebunden in internationale Projekte wie das Parallel History Project oder die im Rahmen des PfP-Konsortiums etablierte Militärhistorische Arbeitsgruppe. Für letztere richtete das Institut die fünfte Jahrestagung im April 2005 in Wien aus und wird 2008 Co-Veranstalter der Tagung in Laibach (Ljubljana) sein. Seit 2006 ist Univ.-Doz. Dr. Erwin A. Schmidl auch Präsident der Österreichischen Kommission für Militärgeschichte. Laufende Projekte gelten beispielsweise dem Krisenjahr 1968 oder dem KSZE-Prozess und der Rolle Österreichs.

Die Umsetzung der Forschungsergebnisse erfolgt durch die Veröffentlichung in einer eigenen Schriftenreihe der Landesverteidigungsakademie sowie in oft umfangreichen externen Publikationen. Die Angehörigen des Instituts sind nicht nur in die Lehre an der Akademie selbst eingebunden, sie lehren ebenso an anderen Ausbildungseinrichtungen des Bundesheeres und

Im April 2003 veranstaltete die Akademie zusammen mit dem Gewerbeverein ein Zeitzeugensymposion über das Kriegsende 1945 in Wien. V.l.n.r. Fritz Molden, Franz Pitnauer und Hofrat i.R. Dr. Herbert Crammer.

In April 2003, the Academy, together with the Gewerbeverein, organised a symposium about the battle for Vienna in 1945. Among the participants were Fritz Molden, Franz Pitnauer and Dr. Herbert Crammer.

Results from research projects are published in a series by the Academy itself, and also appear in the more voluminous of the external publications that cover such subjects. Most researchers at the Institute also teach at other institutions within and outside the army, including several universities in Austria and abroad. In addition, outside expertise is called upon to contribute to symposiums and conferences at the Academy. Formal co-operation agreements and informal arrangements exist with numerous institutions, including the Austrian Academy of Sciences, the Austrian Institute of International Politics, the International Institute for Strategic Studies (IISS) in London, the NATO Defense College in Rome, the George C. Marshall Center in Garmisch-Partenkirchen, the Geneva Center for Security Policy, the National Defense University in Washington D.C., and with a number of strategic and security policy research institutes in other countries and armed forces.

an Universitäten. Mit Stand 2007 wirken am Institut drei habilitierte Universitätslehrer, die an mehreren Universitäten im In- und Ausland unterrichten; weitere Forscher arbeiten an der Habilitation. Eine Mitarbeiterin verfügt über einen Ph.D. im Fach Military Technological Sciences mit entsprechender Lehrbefugnis.

Zusätzlich finden an der Landesverteidigungsakademie, meist in Zusammenarbeit mit anderen Institutionen, laufend wissenschaftliche Tagungen und Symposien statt. Mit den verschiedensten wissenschaftlichen Einrichtungen bestehen Kooperationen auf nationaler und internationaler Ebene. Zu erwähnen wären neben den Universitäten vor allem die Österreichische Akademie der Wissenschaften, das Österreichische Institut für Internationale Politik, das International Institute for Strategic Studies (IISS) in London, das NATO Defense College in Rom, das George C. Marshall Center in Garmisch-Partenkirchen, das Geneva Center for Security Policy, die National Defense University in Washington D.C. sowie weitere strategische bzw. sicherheitspolitische Institute vor

2003 galt das historische Symposion – in Zusammenarbeit mit dem internationalen Parallel History Project – der CSSR-Krise 1968. Im Bild Teilnehmer bei der Exkursion an der tschechisch-österreichischen Grenze.

In October 2003, an international conference was organised in association with the renowned Parallel History Project about the Czechoslovak Crisis of 1968. Participants during the staff ride to the Austro-Czech border.

Der 50-jährige Jahrestag der Ungarnkrise 1956 war Anlass für ein internationales Symposion, das in Wien und Budapest stattfand. Im Bild Dr. Svetlana Savranskaya (Washington), Dr. Erwin A. Schmidl (ISS) und Dr. Krisztián Ungváry (Budapest).

On the occasion of the 50th anniversary of the Hungarian Crisis of 1956, an international conference was held in Vienna and in Budapest in October 2006. Among the presenters were Dr. Svetlana Savranskaya (Washington D.C.), Dr. Erwin A. Schmidl (ISS) and Dr. Krisztián Ungváry (Budapest).

Im Februar 2007 veranstaltete die Landesverteidigungsakademie zusammen mit dem Österreichischen Institut für Internationale Politik (OIIP) einen Workshop zum KSZE/OSZE-Prozess.
In February 2007, the National Defence Academy, together with the Austrian Institute for International Politics (OIIP), organised a workshop on the CSCE/OSCE Process.

Angehörige des ISS (rechts Dr. Andrea Riemer PhD, unten Dr. Gunther Hauser) bei einem Workshop über Rohstoffe und ihre Bedeutung als Wirtschaftsfaktor und Konfliktauslöser an der Erste Bank, gemeinsam mit den Brigadieren Mag. Günther Eisl, Dr. Walter Feichtinger und Mag. René Ségur-Cabanac.
Members of the Institute (Dr. Andrea Riemer and Dr. Gunther Hauser) with Brigadier Generals Günther Eisl, Walter Feichtinger and René Ségur-Cabanac at a workshop organised jointly with the Erste Bank, one of the Academy's partners, on raw materials and their strategic importance.

Institut für Human- und Sozialwissenschaften (IHSW)

Institute for Human and Social Sciences

Die Wehrpädagogische Abteilung der Landesverteidigungsakademie wurde mit 1. Juni 1992 eingerichtet. Bis zu diesem Zeitpunkt gab es an der Akademie kein eigenes wehrpädagogisches Institut; Teilbereiche waren vom Institut für Militärische Sicherheitspolitik (dem früheren ULV-Institut) wahrgenommen worden, von dem auch Teile der administrativen Infrastruktur übernommen wurden. Der Bedarf nach mehr facheinschlägiger Pädagogik im Bundesheer war sogar im damaligen Regierungsübereinkommen zwischen SPÖ und ÖVP verankert worden.

Erster Leiter der neuen Abteilung wurde Oberst des höheren militärfachlichen Dienstes (später Divisionär/Generalmajor) Mag. Udo Rumerskirch. Die zweite Hälfte des Jahres 1992 sowie das Jahr 1993 standen vorwiegend im Zeichen des Ausbaues der Infrastruktur und der wehrpädagogischen Orientierung. Diese war insofern Neuland, als es an wissenschaftlich fundierter wehr- oder militärpädagogischer Literatur in Österreich generell mangelte. Bei einzelnen Lehrbehelfen lag der Schwerpunkt ausschließlich bei methodisch-didaktischen Fragen. Zudem galt es, ein gewisses Misstrauen innerhalb des Bundesheeres diesem „neuen" Bereich gegenüber abzubauen.

Für die Wehrpädagogische Abteilung kam es insbesondere darauf an, fach-

The Military Pedagogy Department of the National Defence Academy was instituted on 1 June 1992. Prior to that date, there had been no institute of this kind at the Academy, although some aspects had already been taken care of by the Institute for Military Security Policy, which also provided part of the organisational structure for the new institute. More pedagogic thinking in the army was

Oberst Mag. Udo Rumerskirch wurde 1992 zum Leiter der neuen Wehrpädagogischen Abteilung bestellt.
Colonel Udo Rumerskirch was appointed the first director of the new Military Pedagogics Department in 1992.

übergreifend der optimalen Funktions- und Einsatzfähigkeit der Menschen innerhalb der militärischen Organisation im Hinblick auf Bildungs-, Erziehungs- und Führungsvorgänge auf der Grundlage gesicherter erziehungswissenschaftlicher Erkenntnisse Rechung zu tragen. Die Abteilung war zuerst in zwei Hauptreferate gegliedert: das Hauptreferat I (Wehrpädagogische Grundlagen) mit den Fachbereichen anthropologische, philosophische, politisch-gesellschaftliche und psychologisch-soziologische Grundlagen und das Hauptreferat II (Wehrpädagogische Didaktik und Methodik) mit den Fachbereichen militärische Fachdidaktik und Methodik.

In den folgenden Jahren lagen die Schwerpunkte der Tätigkeit der Abteilung auf der Sicherung der Qualität im Bildungs- und Ausbildungsbereich wie auf der Personalentwicklung und dem Vermitteln von situativem Führungsverhalten. Die Schulung von Führungskräften orientierte sich an einer theoriegeleiteten Praxis unter Berücksichtigung der Grundsätze der Erwachsenenbildung. Die Schwerpunkte für das Jahr 2000 zeigten eine Intensivierung der Lehre und eine Mitwirkung bei der Entwicklung und Durchführung von Auswahlverfahren. Einen weiteren Schwerpunkt stellte die Entwicklung des Leitbildes der Landesverteidigungsakademie dar. Mit Februar 2001 folgte Oberst des höheren militärfachlichen Dienstes (später Brigadier) Mag. Dr. Edwin Micewski als Leiter der Abteilung. Mit 1. Jänner 2002 wurde die Wehrpädagogische Abteilung in das Institut für Militärsoziologie und Militärpädagogik (IMM) umgewandelt und erweitert, mit einer neuen Gliederung und Aufgabenzuordnung. Das neue Institut umfasste folgende Bereiche:

• Philosophie und Gesellschaftstheorie (wissenschaftstheoretische Aspekte von Forschung und Lehre, Sozialphilosophie und politische Theorie, Analyse des

considered important at the time, and had even been mentioned in the government agreement between the Social Democrats and the People's Party.

Colonel (later Major General) Udo Rumerskirch, a former Guards officer who had worked in the public information branch before, and who had received his M.A. in sociology and pedagogy at the University of Vienna, was appointed head of the new Institute. His main task in 1992-93 was the creation of the necessary infrastructure. Military pedagogic studies were new in Austria, and relevant literature and experience were lakking. Existing manuals mainly dealt with methodology and norms. It was also necessary to overcome a certain amount of distrust towards this new field within the military.

The work of the Institute was trans-disciplinary, aimed at optimising the human poten-

Seit 2001 wurde das Institut von Brigadier Mag. Dr. Edwin Micewski geführt.
From 2001 on, the Institute was headed by Brigadier General Dr. Edwin Micewski.

Kulturwissenschaftlicher Dialog auf höchster Ebene: der Generalstabschef, General Roland Ertl, und Brigadier René Ségur-Cabanac mit Professor Dr. Herfried Münkler, Juni 2006.
Cultural-scientific Dialogue at the highest level: the Austrian Chief of Staff, General Roland Ertl, and Brigadier General René Ségur-Cabanac with Professor Herfried Münkler, June 2006.

nationalen und internationalen politischen Systems und ethisch-moralische Fragen von politischer und militärischer Gewalt),
• Soziologie und Publizistik (militärsoziologische Aspekte von Militär, Soldat, Gesellschaft, ferner das Verhältnis von Streitkräften und Öffentlichkeit, die Fragen von Legitimität, Legitimation und Akzeptanz sowie die Theorie und Praxis von Kommunikation und Information) und
• Psychologie und Pädagogik (sozialpsychologische Aspekte von Soldat, Streitkräfte und Gesellschaft, ferner Fragen der Motivationsforschung und Personalgewinnung sowie die militärische Pädagogik in wissenschaftlicher Theorie wie auch berufsbezogener Praxis).
Die Lehre am Institut für Militärsoziologie und Militärpädagogik ging mit der Forschung konform bzw. ergänzte diese. So stehen Lehrgänge zu den Themenbereichen Militärphilosophie, Ethik und Gewalt, Gesellschaftspolitische Aspekte der Sicherheitspolitik, Heer und Gesellschaft sowie neue Herausforderungen an moderne Streitkräfte, das neue Rollenbild des Soldaten, Wissenschaftstheorie und wissenschaftliches Arbeiten, politische Psychologie und schließlich

tial within the military organisation. This included education, training and leadership skills, based on solid scientific research. At first the Institute had two main branches: basics, and norms & methods. The former was sub-divided into 'anthropology' (philosophy, politics, and society) and 'psychology and sociology'. The latter comprised military norms and methodology.
In the following years, emphasis lay on maintaining a high standard in the training programmes and developing the necessary personnel structure and leadership training. The latter attempted to balance theory and practice, taking into account new findings in the field of 'adult education', which had seen remarkable growth at universities in recent years. Achievements in 2000 included intensified teaching programmes and the development of new selection processes. In February 2001, General Rumerskirch retired, and Colonel (now Brigadier General) Dr. Edwin Micewski became the new head of the Institute.

Das prachtvoll renovierte Gebäude der Rothschild-Stiftung in Reichenau an der Rax ist ein beliebter Veranstaltungsort für Seminare – wie hier für das VI. Seminar über zivil-militärische Beziehungen im November 2002 (beide Bilder).
The splendidly restored 'Castle Rothschild' in Reichenau south of Vienna is an excellent location for seminars and workshops, such as the 6th Seminar on Civil-Military Relations in November 2002 (both pictures).

führungsbezogene Individualpsychologie an erster Stelle der Lehre. Dabei galt die externe Vortragstätigkeit der Institutsangehörigen neben Rhetorik und interpersonaler Kommunikation auch der (berufs-) ethischen Ausbildung der angehenden Offiziere an der Theresianischen Militärakademie.

Im Jahr 2003 wurde der "Kulturwissenschaftliche Dialog" ins Leben gerufen, um human- und sozialwissenschaftliche Aspekte der Sicherheitspolitik zu behandeln und zugleich den akademischen

In 2002, the Institute was formally renamed the Institute for Military Sociology and Pedagogy, with a new, extended structure. One branch was 'philosophy and social theory', dealing with theoretical aspects of research and teaching, social philosophy and political theory, analysis of political systems on the national and international levels, and the ethical aspects of the use of force. The branch 'sociology and public relations' dealt with military-sociological aspects of the armed forces, soldiers and society, as well as the relationship between the armed forces and the public,

Oberst dhmfD Mag. Dietmar Pfarr, Univ.-Prof. Dr. Giselher Guttmann und Hofrat Dr. Günther Fleck beim Symposion über Europäische Identität im März 2006.
Colonel Dietmar Pfarr, Professor Giselher Guttmann, and Dr. Günther Fleck at a symposium on European identity held in March 2006 at the National Defence Academy.

zivil-militärischen Diskurs zu befruchten. Insbesondere ist die Zusammenarbeit des Instituts mit den Universitäten Wien und Klagenfurt zu nennen. Als Ergebnis einer Veranstaltung über „Europäische Identität: Entwicklung, Perspektiven und Implikationen für Staat, Gesellschaft und

issues of legitimacy and acceptance, and the theory and practice of communication and information. Lastly, the branch 'psychology and pedagogy' dealt with the socio-psychological aspects of the relationship between the soldier, the armed forces and society, questions concerning motivation and recruitment, and military pedagogy in theory and practice.

Research and teaching were balanced and mutually reinforcing. Training modules concentrated on military philosophy, ethics and force, security policy, the armed forces and society, new challenges for the military, the new role-model of the soldier, the theory of science and scientific methods, political psychology and leadership-oriented individual psychology. Members of the Institute lectured outside the Academy as well, including courses in (military) ethics for the cadets of the Military Academy at Wiener Neustadt.

Dr. Alfred Vogel, Brigadier Norbert Fürstenhofer und Hofrat Dr. Günther Fleck beim Symposion über Militärische Sicherheit – Betreuungssysteme – Soldatische Identität im April 2007.
Dr. Alfred Vogel, Brigadier General Norbert Fürstenhofer and Dr. Günther Fleck at the symposium on military security and soldiers' identities in April 2007.

Der stellvertretende Institutsleiter, Hofrat Dr. Günther Fleck (links), und Mag. Paul Ertl beim Militärphilosophischen Seminar im Juni 2007.
The deputy head of the Institute, Dr. Günther Fleck, and Paul Ertl at the Military-Philosophical Seminar held in June 2007.

Sicherheitspolitik" konnte im Jahr 2005 eine Lehrveranstaltung gemeinsam mit dem Institut für Politikwissenschaft der Universität Wien eingerichtet werden.
Im Jahr 2005 wurde das Institut erneut umbenannt. Der neue Name „Institut für Human- und Sozialwissenschaften" (IHSW) betont mehr als bisher die stärkere Berücksichtigung der Humanwissenschaften und damit den universitären Charakter der Arbeit des Instituts.
Ein zusätzlicher Aspekt der internationalen Kooperation des Instituts war die Gastprofessur von Brigadier Dr. Micewski am Department of National Security Affairs der Naval Postgraduate School in Monterey in Kalifornien von März 2005 bis Juni 2006. Angesichts der aktuellen Herausforderungen (Intervention im Irak, Foltervorwürfe usw.) wurden die von ihm bearbeiteten Themen der politischen Philosophie und Ethik sowie der zivil-

In 2003, the 'cultural sciences dialogue' was instituted to deal with the human and social science aspects of security policy, and to encourage the civil-military discourse on an academic level. An excellent collaboration has developed between the Institute, the University of Vienna and the University of Klagenfurt (a university with emphasis on educational sciences in southern Austria). As a result of a joint conference on 'European identity: Perspectives and Implications for the State, Society and Security Policy', a course was developed in conjunction with the Institute for Political Science at the University of Vienna in 2005.
Also in 2005, the Institute was renamed the Institute for Human and Social Sciences. The new name puts stronger emphasis on human sciences and thus on the university-like character of the work carried out at the Institute.
From March 2005 to June 2006, Brigadier General Micewski was a fellow at the De-

militärischen Beziehungen und der unterschiedlichen strategischen Kulturen in Europa und den USA mit besonderem Interesse aufgenommen.

Einen besonderen Schwerpunkt stellte die Mitwirkung bei der Arbeit der Bundesheerreformkommission sowie beim Reformprozess „Bundesheer 2010" dar. In diesem Rahmen wurde dem Institutsleiter die Aufgabe übertragen, das Sachgebiet Gesellschaft und somit sozialwissenschaftliche und gesellschaftspolitische Aspekte der Sicherheitspolitik und Streitkräfteentwicklung zu bearbeiten. Dadurch konnten Ergebnisse der Forschungsvorhaben, die im Institut betrieben wurden, direkt in das Reformprojekt einfließen. Als Beispiel sei der Forschungsschwerpunkt zum „Soldatischen Identitätswandel und zur Wertorientierung im Österreichischen Bundesheer vor dem Hintergrund eines gesamteuropäischen Sicherheitssystems und internationaler friedensunterstützender Einsätze" genannt.

partment of National Security Affairs of the U.S. Naval Postgraduate School in Monterey, California. In view of the situation in Iraq and the accusations of torture and abuse by soldiers, the subjects he worked on, including political philosophy and ethics, civil-military relations, and the difference between strategic cultures in Europe and the USA, were received with special interest.

In connection with the work of the Army Reform Commission (2003-04) and the reform process known as 'Management 2010', the head of the Institute chaired the sub-group on 'society' and was responsible for social and political aspects of security policy and the armed forces. The results of research carried out at the Institute are consequently directly applied to current reform projects, such as the changing identity of soldiers and the value-orientation of the Austrian Armed Forces regarding European security structures and international peace operations.

Eine Auswahl aus den vielfältigen Publikationen, die in den letzten Jahren am Institut für Human- und Sozialwissenschaften entstanden sind.
Some of the numerous publications resulting from research at the Institute for Human and Social Sciences.

Institut für Friedenssicherung und Konfliktmanagement (IFK)

Institute for Peace Support and Conflict Management

Die Entwicklung der Konflikte und die zunehmende Bedeutung internationaler Friedensoperationen nach Ende des „Kalten Krieges" stellten das Österreichische Bundesheer vor neue Aufgaben. Am 28. Juli 1997 beantragte das Kommando der Landesverteidigungsakademie die Einrichtung einer Projektgruppe „Internationale Friedenssicherung und Einsatz von Streitkräften"; die Bildung dieser Projektgruppe – aus Mitarbeitern der damaligen Forschungsabteilung sowie des Militärwissenschaftlichen Büros – wurde vom Generaltruppeninspektor im August 1997 angeordnet. Die Projektgruppe unter der Leitung von Oberst des höheren militärfachlichen Dienstes (heute Brigadier) Mag. Gustav Gustenau wurde mit der Erforschung aktueller und potenzieller militärischer Konflikte, der Auswertung der österreichischen Beteiligungen an Einsätzen zur internationalen Friedenssicherung und der wissenschaftlichen Aufbereitung der Verfahren für die Konfliktanalyse und das internationale Konfliktmanagement beauftragt.

Die systematisch betriebene Zusammenführung von Regionalexpertisen, sicher-

The ubiquity of conflicts following the end of the Cold War, and the increasing scope and importance of international peace operations resulted in new challenges for the Austrian Armed Forces. On 28 July 1997, the Command of the National Defence Academy proposed the establishment of a project team on 'international peace support and the use of armed forces'. This team was authorised by the army chief of staff in August 1997, to be staffed both from the Academy's then Research Department

„Angewandte Konfliktforschung" im Rahmen von Auslandseinsätzen. Brigadier Mag. Karl Wohlgemuth (2001-02 interimistischer Institutsleiter) war 2004-06 Senior Military Advisor bei der UN Mission in Afghanistan – hier im Gespräch mit dem Kommandanten des dänischen ISAF-Kontingents.

'Applied conflict research': In 2004-06, Brigadier General Karl Wohlgemuth (who had headed the Institute before) was Senior Military Advisor of the UN Assistance Mission in Afghanistan – seen here with the C.O. of the Danish ISAF contingent.

heitspolitischem Verständnis und besonderen Kenntnissen über das internationale Krisen- und Konfliktmanagement führte in rascher Folge zur Einbindung der auf der Projektgruppe aufbauenden Abteilung für Internationale Friedenssicherung im Februar 1999 als drittes Forschungselement im Organisationsplan der Landesverteidigungsakademie. Im Februar 2002 wurden die Änderung der Bezeichnung in „Institut für Friedenssicherung und Konfliktmanagement" (IFK) und der heutige Organisationsrahmen verfügt. Seither ermöglichen die vier Hauptreferate „Konfliktbild", „Konfliktanalyse", „Konflikttransformation" und „Streitkräftestruktur und Doktrinen" sowie ein eigenes Verwaltungs- und Veranstaltungselement in Verbindung mit der Zugriffsmöglichkeit auf ein dichtes nationales und internationales sicherheitspolitisches Forschungsnetzwerk die rasche und bedarfsorientierte Bereitstellung wissenschaftlich fundierter Expertisen.

Die schon mit der Gründung der Projektgruppe beabsichtigte Etablierung eines wissenschaftlichen Kompetenzzentrums im Bundesheer wird für das Institut in Zukunft die verstärkte Einbindung in den universitären Bildungsbereich und in die ressortübergreifende wissenschaftliche Zusammenarbeit bringen.

Die Etablierung der Projektgruppe fiel zusammen mit der Ausweitung internationaler Friedensoperationen in Südosteuropa. So wurde schon im Herbst 1997 in einem ersten Forschungsprojekt die Beteiligung Österreichs an der multinationalen Operation „Alba" im Frühjahr 1997 in Albanien aufbereitet. Das Forschungsprojekt wurde im August 1999 mit der Publikation „Der albanische Staat in der Krise" abgeschlossen. Die folgenden Einsätze in dieser Region (das im April 1999 eingerichtete österreichische Feldspital in Albanien und die folgende Teilnahme an der internationalen Truppe im Kosovo ab Juni 1999) zeigten, dass derartige Studien nicht nur historischen Wert, sondern durchaus vorausschauenden Charakter haben.

and from the Office for Military Studies (now the ministry's Directorate and Office for Security Policy). Colonel (now Brigadier General) Gustav Gustenau would act as team leader. Contemporary and potential military conflicts, as well as Austrian participation in international peace operations, were to be analysed, and scientific approaches to conflict analysis and conflict management studied.

The combination of regional and country expertise, an understanding of security policy, and in-depth knowledge about international crisis and conflict management gave the project its main strength. In due course, the project team became the 'Department for International Peace Support', and in February 1999 it was integrated into the Academy as a third research institute, the Institute for Peace Support and Conflict Management. The Institute comprises four branches – 'threat and conflict scenarios', 'conflict analysis', 'conflict transformation' and 'force structures and doctrines' – plus an administrative and organisational element. Relying on a network of experts at national and international levels, the Institute is able to provide specific research-based expertise at short notice.

Thus far, the project team has sought to establish a scientific centre of competence for the army. For the future, the aim is to deepen co-operation with partners at universities and in other ministries.

At the time of the establishment of the project team, peace operations in south-eastern Europe took on new dimensions. In spring 1997, Austria participated in the Italian-led multinational force 'Alba' in Albania. Consequently, the Albanian operation became the first research subject. In August 1999, an initial study was published: 'Albania in times of crisis'. Ensuing operations in this region (the Austrian field hospital in Albania in April 1999, and participation in the Kosovo operations from June 1999 on) clearly demonstrated the utility of such studies for future operations, quite apart from their historical value.

In the following years, other peace operations were analysed with a view to contributing towards an Austrian doctrine for peace (support)

Seit der Gründung des Instituts stehen aktuelle Einsätze des Bundesheeres im Zentrum der Forschungen – im Bild Angehörige des österreichischen KFOR-Kontingents im Kosovo.
From its inception, the Institute has analysed current missions of the Austrian Armed Forces – the picture shows members of the Austrian KFOR contingent in Kosovo.

Die wissenschaftliche Arbeit in den folgenden Jahren war geprägt durch die Evaluierung von Friedensoperationen als Beitrag zur Entwicklung einer österreichischen Doktrin für derartige Einsätze („PSO-Doktrin"). Weitere Forschungen galten der Theorie des Konfliktmanagements, besonders der Analyse der damals wie heute aktuellen Konflikte auf dem Balkan und im kaukasischen Raum. 1999 war dem Projekt „Konfliktentwicklung auf dem südlichen Balkan", der Frage nach der ethischen Legitimation militärischer Operationen zur Durchsetzung humanitärer Ziele und dem Aufbau einer Forschungskooperation mit Schweden und Polen gewidmet.
Die Fragestellung nach den Parametern bewaffneter Konflikte – ausgehend von den aktuellen Konflikten in Tschetschenien und dem Kosovo – bildete das Schwergewicht der Forschungstätigkeiten des Jahres 2000. Begleitend dazu wurde im Rahmen des PfP-Consortiums der Verteidigungs-

operations. The theory of conflict management and the continuing conflicts in the Balkans and in the Caucasus region were studied in depth. In 1999, the conflicts in the southern Balkans spawned a new project, which examined the question of the ethical legitimacy of military operations conducted for humanitarian purposes. Research co-operation intensified with colleagues from Sweden and Poland.
In response to the armed conflicts in Chechnya and Kosovo, a study was launched in 2000 on the parameters of such conflicts. In the context of the PfP Consortium of Defence Academies and Security Studies Institutes, the Institute co-operated in the development of a research programme for political security information management in south-eastern Europe. Together with the 'trilateral project' between Sweden, Poland and Austria, initiated by the Office of Military Studies, comparative research on security policy in Europe was being stepped up. Following an initiative by the Commissioner for Strategic Studies, all security policy research activities within the ministry were for

akademien und der sicherheitspolitisch forschenden Institute an der Entwicklung eines Forschungsprogramms über sicherheitspolitisches Informationsmanagement in Südosteuropa mitgearbeitet. Im Zusammenhang mit dem trilateralen Forschungsprojekt Schweden-Polen-Österreich des Militärwissenschaftlichen Büros wurde die vergleichende Forschung der sicherheitspolitischen Entwicklung in Europa verstärkt.

2001 wurden auf Anregung des Beauftragten für Strategische Studien alle ressortinternen Forschungsaktivitäten im sicherheitspolitischen Bereich in einem Forschungsprogramm zusammengefasst. Dem Institut wurden dabei die Konfliktanalyse für Südosteuropa, die Nachfolgestaaten der Sowjetunion sowie den Nahen Osten zugewiesen. Im Rahmen des PfP-Consortiums übernahm das Institut die wissenschaftliche Leitung der „Study Group" Krisenmanagement in Südosteuropa.

Personelle Veränderungen und damit die Konsolidierung des Instituts prägten das Jahr 2002. Neuer Leiter wurde Brigadier Dr. Walter Feichtinger. Gegenüber dem PfP-Consortium wurde die Zusammenarbeit intensiviert, im Rahmen eines Review Prozesses wurden einzelne Gruppen umbenannt und der Komplex der drei „Regional Stability Study Groups" – Südosteuropa, Südlicher Kaukasus und Zentralasien – zusammengefasst und von der Landesverteidigungsakademie organisatorisch unterstützt.

Die umfassende Vernetzung mit den Forschungsvorhaben der Akademie und die Verstärkung der Kooperation mit dem Büro für Sicherheitspolitik als Resultat eines durchstrukturierten Forschungsprogramms bildeten die Grundlage für die wissenschaftliche Arbeit ab 2003. Dieses Jahr stand zunächst ganz im Zeichen des

Netzwerkbildung und interdisziplinärer Dialog sind wichtige Elemente der Arbeit des Instituts. Der Institutschef, Brigadier Dr. Walter Feichtinger, mit Mag. Annette Scheiner (ORF) und Nicoletta Wagner (NZZ) bei der Konferenz „EU und Lateinamerika" (Mai 2006).

Networking and inter-disciplinary dialogue are crucial elements of efficient research. Here, the Institute's director, Brigadier General Dr. Walter Feichtinger, is seen with two journalists, Annette Scheiner (Austrian TV) and Nicoletta Wagner (NZZ) at the conference on the EU and Latin America which was organised during the Austrian EU Presidency (May 2006).

the first time merged into a comprehensive research programme in 2001. As a consequence, the Institute was assigned research on conflict analysis in south-eastern Europe, in the successor states of the former Soviet Union, and in the Middle East. In the context of the PfP Consortium, the Institute led the study group on 'Crisis Management in South-East Europe'.

Personnel changes and a consolidation of structures took place in 2002. Brigadier General Dr. Walter Feichtinger, who had served as tank battalion commander before completing his doctorate in political science at the University of Vienna, was appointed as the new director of the Institute. Co-operation with the PfP Consortium was enhanced, and in the course of a review process, some groups were renamed. The three 'regional stability study groups' – on South-East Europe, the southern Caucasus and Central Asia – were more closely linked and based at the National Defence Academy.

In 2003, there was a further linking of research projects and heightened co-operation with the

Einstiegsportal des „Situation Awareness Centers", der Informationsplattform für Experten des Bundesheeres im Rahmen der Öffentlichkeitsarbeit anlässlich des Irakkonfliktes 2003.
Homepage of the 'Situation Awareness Centre', established as an information platform for experts of the armed forces during Operation Iraqi Freedom in 2003.

Irakkrieges. Zur Lagebeobachtung und -beurteilung wurde ein Situation Awareness Center (SAC) eingerichtet, um Informationen koordiniert bereitzustellen. Grundlage für den Erfolg – und ein entsprechendes Medienecho – war die institutsübergreifende Zusammenarbeit innerhalb der Landesverteidigungsakademie, aber auch mit externen Experten. Ein weiterer Meilenstein war der in Kooperation mit der Universität Wien durchgeführte Workshop über aktuelle Entwicklungen in Kolumbien. Für das PfP-Consortium betreute das Institut die beiden traditionellen Workshops der Südosteuropa-Studiengruppe (jährlich einer in Reichenau/Rax und einer in der Region). Auch die Südkaukasusgruppe traf sich in Reichenau, wobei die Kooperation mit dem Genfer Zentrum für die demokratische Kontrolle von Streitkräften (DCAF) intensiviert werden konnte.

2004 konnten zwei neue Projekte in Angriff genommen werden: sicherheitspolitische Entwicklungen in den verschiedensten Regionen Afrikas, Konflikte in unterschiedlichsten Phasen und die Erarbeitung von Lösungsvorschlägen bildeten das erste, in dessen Rahmen bis 2006 jährlich ein Workshop mit abschließender Publikation durchgeführt wurde. Im Rahmen eines weiteren Projektes gingen Forscher des Instituts daran, die Krisengebiete Kosovo, Moldova und Afghanistan und die unterschiedlichen Ansätze des internationalen Konfliktmanagements anhand von Fallstudien zu vergleichen – auch dieses Projekt wurde mit der Herausgabe einer umfangreichen Studie abgeschlossen.

Drei neue Themen bestimmten die Forschung ab dem Jahr 2005: zunächst standen die zahlreichen Aspekte eines EU-Krisenmanagements im Mittelpunkt der Diskussion. Danach erarbeitete man

ministry's Office for Security Policy (the former Office for Military Studies). At the time of the Iraq campaign in spring 2003 (Operation 'Iraqi Freedom'), a 'situation awareness centre' (SAC) was established to provide up-to-date information both for the armed forces and the media, based on the combined support of several institutes of the Academy, and involving experts from outside. Subsequently, several publications were produced dealing with Middle East developments. Another achievement that year was the creation of a workshop examining current developments in Colombia, organised together with the University of Vienna. For the PfP Consortium, the Institute hosted the traditional two annual conferences of the South East Europe study group (one at Castle Reichenau, south of Vienna, and one in the region itself), in addition to a conference of the Southern Caucasus region (also at Castle Reichenau). The same year also saw greater involvement with the Geneva Centre for the Democratic Control of Armed Force (DCAF).

Two more projects were initiated in 2004. One dealt with security policy developments in several African regions, and included a workshop (which was repeated in 2005 and 2006) and publication of the contributions. The other project included a comparative analysis of conflict management, based on case studies of Kosovo, Moldova and Afghanistan – again leading to a major publication.

sicherheitspolitische Strategien gegen Political Violence Movements und damit verbundene Fragen für die Terrorismusforschung. Und schließlich galt die Forschungstätigkeit den Modellen der Provincial Reconstruction Teams (PRTs) und der gemeinsamen Beobachtermissionen (Joint Monitoring Mission, JMM) als innovativen Methoden des internationalen Krisenmanagements. Ein weiterer Höhepunkt war die inhaltliche und organisatorische Betreuung der 8. Jahreskonferenz des PfP-Consortiums in Wien zum Thema „Expanding and Enhancing the Partnerships: Further Steps after Istanbul".

Der „Afrika-Experte" des Institutes, Dr. Gerald Hainzl, und Habiboulah Bakhoum beim Workshop „Wars, Conflicts, and Conflict Management in West Africa" (Jänner 2006).
The Institute's 'Africa expert', Dr. Gerald Hainzl, with Habiboulah Bakhoum at the workshop on 'Wars, Conflicts, and Conflict Management in West Africa', held in January 2006.

Auch 2006 waren es drei aktuelle Themen, die zu den laufenden Forschungsprojekten dazu kamen: die innenpolitische Lage in der Ukraine und deren Auswirkungen auf die Außen- und Sicherheitspolitik dieses Landes war ebenso Gegenstand der Expertendiskussion wie die Problematik der Weiterverbreitung von Kleinwaffen in Konfliktregionen. Schließlich beschäftigte sich das Institut mit der steigenden Bedeutung von Konfliktprävention. Die Ausrichtung eines großen Symposiums in Zusammenarbeit mit anderen Instituten der Akademie bildete den erfolgreichen Höhepunkt und Abschluss des arbeitsreichen Jahres.

Internationale Kooperationspartner stellen mittlerweile einen unverzichtbaren Bestandteil in der vernetzten Arbeit des Instituts dar. Das internationale Netzwerk des PfP-Consortiums, an dem Österreich beteiligt ist, bietet eine ideale Plattform zum wissenschaftlichen Austausch und gegenseitiger Anregung. Ein weiterer wichtiger Partner der Landesverteidigungsakademie ist die International Peace

Three new subjects determined research from 2005 on: various aspects of EU crisis management, security policy strategies against violent political movements – linked to questions of terrorism - and the innovative conflict-management model of 'provincial reconstruction teams' (PRTs, as established in Afghanistan) and 'joint monitoring missions' (JMMs). In addition, the Institute organised the 8th Annual Conference of the PfP Consortium in Vienna, with the theme of 'Expanding and Enhancing the Partnerships: Further Steps after Istanbul'.

In 2006, three current issues were added to the research projects of the Institute: the internal situation in Ukraine and its repercussions on foreign and security policy; the question of small arms proliferation, and the question of conflict prevention. The Institute was called upon to organise a major symposium in November 2006, in co-operation with other institutes. This was dedicated to current issues of conflict stabilisation, with special emphasis on the situation in Afghanistan.

International partners have become a crucial element of the network formed by the Institute. This is partly due to its involvement

Academy (IPA) in New York, ein mit der UNO eng verbundener Think Tank. Die IPA veranstaltet seit 1970/71 in Wien jährliche Seminare zu bestimmten Aspekten internationaler Friedensoperationen, die jeweils gemeinsam vom Außen- und vom Verteidigungsministerium organisiert werden. Seit seiner Gründung ist das Institut für Friedenssicherung und Konfliktmanagement an der Organisation und der inhaltlichen Begleitung dieser Seminare beteiligt.

in the PfP Consortium's network, but another important partner of the National Defence Academy is the International Peace Academy (IPA) in New York, a think-tank closely linked to the United Nations. The IPA has organised annual seminars in Vienna on peace operations since 1971, jointly hosted by the ministries of foreign affairs and defence. Since its foundation, the Institute for Peace Support and Conflict Management has today become the main body responsible for the administration and content of these 'Vienna seminars'.

Lehre und Publikation

Schon lange ist es ein Anliegen des Instituts, das erarbeitete Wissen auch im Rahmen des Lehrangebotes des Bundesheeres zur Verfügung zu stellen. Primär konzentriert sich die Lehrtätigkeit der Mitarbeiter des Instituts auf die verschiedenen Lehrgänge an der Landesverteidigungsakademie, dazu kommen immer mehr andere Dienststellen wie die Theresianische Militärakademie. Vorträge bei Informationsveranstaltungen oder etwa am Strategischen Führungslehrgang runden das Bild ab. Auch außerhalb des Ressorts erfreut sich die Expertise der IFK-Forscher großer Beliebtheit. Bei den Partnerverbänden und weiteren Interessenten aus dem öffentlichen wie privatwirtschaftlichen Bereich gibt es regelmäßige Vortragsveranstaltungen; außerdem bieten mehrere Mitarbeiter Lehrveranstaltungen an der Universität Wien an.

Die Forschungsergebnisse sollen einer breiten interessierten Öffentlichkeit zugänglich gemacht werden; dies erfolgt durch eine breit gefächerte Palette an Publikationsformaten. Zu den ressortinternen Periodika zählt die Schriftenreihe der Landesverteidigungsakademie, ferner die hausinterne Kurzinformation „Info-aktuell". Die eigene Informationsbroschüre „IFK aktuell" ist eher populärwissen-

Teaching and Publications

Members of the Institute teach various courses at the National Defence Academy, but also elsewhere, such as at the Military Academy at Wiener Neustadt. They also present additional lectures at information events and for the Strategic Leadership Course. They lecture at civilian institutions, including the Academy's partners in public administration, as well as in the private sector, and several of them regularly teach at the University of Vienna. Their work is published especially for the use of the armed forces.

For a wider public, research findings are published in different ways, not least of which is a series of papers published by the Academy. There is the 'info aktuell' brochure on relevant topics distributed around the Academy and outside. Then there are short and easily-digestible information brochures under the heading 'IFK aktuell' covering various subjects of current interest, printed in larger numbers and aimed at a wider readership, plus the 'Study Group Information' series, published in English on behalf of the PfP Consortium. Special volumes are published by scholarly commercial publishers such as Nomos in Germany, and indeed many articles authored by members of the Institute appear in various magazines and books.

schaftlich gehalten und wird in einer hohen Auflage österreichweit verteilt. Schließlich gibt es die englischsprachige Reihe „Study Group Information", in der Ergebnisse und Erkenntnisse aus dem Bereich des PfP-Consortiums veröffentlicht werden. Eine weitere wichtige Möglichkeit der Publikation bilden externe Verlage wie der deutsche Nomos-Verlag. Abgerundet wird das Bild durch zahlreiche Artikel, die in Zeitschriften und Büchern unterschiedlichster Provenienz publiziert werden.

Die Ergebnisse der Arbeit des Instituts werden sowohl im Verlag der Akademie (oben) wie themenspezifisch in externen Verlagen veröffentlicht.
Publications resulting from research at the Institute are published both by the National Defence Academy and by external publishers.

Beratung und Information

Ausgehend von der intensiven Beschäftigung mit der Entwicklung des Konfliktverlaufes auf dem südlichen Balkan wurde 1998 erstmals die im Institut vorhandene Expertise von den ressortinternen, aber auch von politischen Entscheidungsträgern im Allgemeinem angefragt. Parallel dazu entwickelte sich ganz im Sinne der Öffentlichkeitsarbeit des Ressorts die Zusammenarbeit mit dem ORF und den österreichischen Printmedien im Rahmen der Berichterstattung über den südlichen Balkan. Mit der Ausrichtung einer Podiumsdiskussion in Kooperation mit der Europäischen Journalismusakademie der Donau-Universität Krems im November 1998 trat das Institut erstmals als Organisator einer Veranstaltung mit breiter Öffentlichkeitswirksamkeit auf. Weitrei-

Consulting and Information

The studies on south-eastern Europe undertaken by the original project team in 1998 were not only consulted by the Ministry of Defence, but also by other political decision-makers. In line with public relations efforts by the Ministry, members of the Institute assisted the Austrian Radio and Television Corporation, particularly with regard to developments in the southern Balkans. In November 1998, the Institute for the first time organised a panel discussion for a wider audience, in co-operation with the European Academy of Journalism of the Danube University at Krems. In 2001, the Institute co-operated with the Office for Military Studies in the development of a new Austrian security and defence doctrine. The situation awareness centre, set up at the start of the Iraq war in 2003,

chende Bedeutung erhielt die Nachfrage nach der Fachkompetenz des Institutes im Jahr 2001 durch den Auftrag des Militärwissenschaftlichen Büros zur Mitwirkung an der Erstellung des Expertenentwurfes der neuen österreichischen Sicherheits- und Verteidigungsdoktrin. Die Informationsangebote im Rahmen des Situation Awareness Centers 2003 für die Entwicklung im Irak-Krieg stellten einen weiteren Höhepunkt dar. Seither werden die Mitarbeiter des Instituts zu ihren Expertisen-Bereichen von sämtlichen Medien, aber auch von Bedarfsträgern innerhalb des Ressorts und der Politik gerne herangezogen. Zur Professionalisierung des Auftritts in der Außenwirkung begann das Institut vor dem Hintergrund der Vorgaben der „Corporate Identity" des BMLV mit der Erarbeitung eines PR-Konzepts, das in Kooperation mit einem Fachhochschul-Studienlehrgang äußerst erfolgreich abgeschlossen werden konnte.

helped to make the Institute better known to a wider audience. Its members are regularly called upon by the media as well as by decision-makers in defence and political positions. A successful public relations concept has been developed, based on the concept of 'corporate identity', for the Austrian Armed Forces.

Aufgrund steigender Nachfrage erscheint die aktuelle Information über sicherheitspolitsche Entwicklungen derzeit bereits in einer Auflage von 9.000 Stück.
The information brochures on recent developments in security policy are in big demand, circulation now is at 9,000 copies.

Buchpräsentation „Women in an Insecure World" an der Landesverteidigungsakademie, am 1. Juni 2006.
Book launch 'Women in an Insecure World' at the National Defence Academy, June 2006.

Führungsabteilung (FüA)

Command Support Division

In den ersten Jahren wurden die Leitungs-, Versorgungs- und Verwaltungsaufgaben der Akademie durch das Organisationselement „Kommando und Stabszug" wahrgenommen. Mit 1. Juni 1992 wurde eine eigene Führungsabteilung der Landesverteidigungsakademie geschaffen und in drei Bereiche gegliedert:

- Hauptreferat I: Personalwesen, Militärische Sicherheit, Versorgung und Verwaltung;
- Hauptreferat II: Ausbildungsplanung und Lehrmittel;
- Hauptreferat III: Operations-Research und EDV.

Der Umfang der Aufgaben der Führungsabteilung ist mittlerweile erheblich erweitert. Die Zielsetzung war, die Lehr- und Forschungseinrichtungen weitestgehend von organisatorischen Aufgaben zu entbinden, um sich voll auf ihre Hauptaufgaben konzentrieren zu können.

In the first years after its establishment, the command and administrative tasks of the Academy were performed by a 'Command and Staff Platoon'. In June 1992, this entity was expanded to become a department in its own

Die Kanzlei der Akademiekommandanten im Sappeurtrakt der Stiftskaserne, um 1965. Am Tisch Oberwachtmeister (heute Hofrat i.R.) Walter Badin.
The Commandant's antechamber in the early days, in the Sappers' Wing of Stift Barracks. At the desk is Sergeant Walter Badin.

Regelmäßige Besprechungen – wie hier, unter dem Vorsitz des Leiters der Führungsabteilung, Oberst Rudolf Sturmlechner – gewährleisten die breitflächige Kommunikation und Information sowohl innerhalb der Führungsabteilung als auch zum Chef des Stabes.
Regular meetings are held to ensure communication both within the Command Support Division and with the Academy's Chief of Staff. Presiding is the head of the division, Colonel Rudolf Sturmlechner.

Die Führungsabteilung erhielt den Auftrag,

- den Kommandanten bei der Führung und Verwaltung der Landesverteidigungsakademie zu unterstützen;
- die Abteilungen der Akademie, die Zentraldokumentation sowie die Redaktion der Österreichischen Militärischen Zeitschrift durch die Übernahme organisatorischer Aufgaben und die Bereitstellung von Personal und Mitteln bei der Durchführung ihrer Aufgaben zu unterstützen;
- die Vorhaben der Abteilungen zu koordinieren;
- den EDV-Betrieb sicherzustellen und
- militärische Abläufe modellhaft zu untersuchen und Simulationssysteme für die Ausbildung zu betreiben.

Die Verantwortlichkeit des Leiters beschränkte sich daher nicht nur auf die Ab-

Die Führungsabteilung erfüllt vielfältige administrative Tätigkeiten zentral für alle Angehörigen und Kursteilnehmer der Landesverteidigungsakademie. Ein Blick in das Arbeitszimmer des Wirtschafts-Unteroffiziers, des Stabswachtmeisters Jürgen Dokoupil.

The Command Support Division carries out numerous administrative tasks for all staff members and students of the Academy. A view of the work place of the Accounting NCO, Sergeant Jürgen Dokoupil.

Zu den Aufgaben der Führungsabteilung gehören auch Kaderfortbildungen. Dadurch erlangen u.a. im Rahmen von Schießübungen auch die zivilen Bediensteten der Akademie Kenntnisse im Umgang mit der Waffe.

Among the tasks of the Command Support Division are training activities, including firing exercises. These are obligatory for soldiers, but also provide an opportunity for civilian staff members to familiarise themselves with weapons and military culture.

right. Known as the Command Support Division, it initially had three branches:

- *I: personnel, military security, supply and administration;*
- *II: planning for training and training aids;*
- *III: operations research and data-processing.*

Since then, the tasks of the Command Support Division have covered a broader range. The idea was to relieve the training and research departments of as many administrative tasks as possible so as to enable them to concentrate on their main functions. The Command Support Division subsequently became responsible for the following:

- *support of the commandant and administration;*
- *support of the individual institutes, Central Documentation, and the Austrian Military Journal editorial office in terms of administration and the supply of additional personnel and means;*
- *co-ordination of different projects by the institutes of the Academy;*

teilung selbst. Insbesondere war er auch für die Stabsarbeit der Akademie sowie die Entscheidungsvorbereitung für den Kommandanten verantwortlich. Abgestützt auf drei Hauptreferate und im engen Zusammenwirken mit den anderen Abteilungsleitern oblag ihm die Gesamtplanung und Organisation aller Ausbildungs- und Forschungsabläufe.

2002 änderte sich die Gliederung der Führungsabteilung; aus den bis dahin drei Hauptreferaten entstanden vier Referate:

Das Referat I (Führung) umfasst die im militärischen Bereich als S1 bis S6 bezeichneten Stabsfunktionen: Personalwesen (S1), militärische Sicherheit (S2), Ausbildungsplanung (S3), Material- und Wirtschaftsverwaltung (S4), Öffentlichkeitsarbeit und Internationale Beziehungen (S5) sowie Informationstechnik und Hauptkanzlei (S6).

Das Referat II (Dienstbetrieb) ist für die Infrastruktur der Akademie zuständig und umfasst eine Versorgungsgruppe (DfUO), eine Kraftfahrergruppe und eine Verfügungsgruppe (Offizierskasino).

Das Referat III (Medienaufbereitung, Medienbearbeitung, Druck- & Kopierstelle) stellt mit dem Fotostudio, dem Videostudio und der Akademiedruckerei (Reprozentrum Wien) einen bedeutenden Teil der Dokumentation sicher. Die Druckerei produziert beispielsweise mehr als 13 Millionen Seiten pro Jahr.

Das Referat IV (Operations-Research & Simulation) verfügt über wissenschaftliche Kapazitäten zur Bearbeitung von Problemfeldern an der Schnittstelle Technik/Taktik und betreibt den Führungssimulator in Neulengbach.

- *guaranteed provision of a functioning data-processing infrastructure; and*
- *shaping of military procedures and running of simulation systems for training purposes.*

The head of the Command Support Division was thus responsible not only for a significant part of the staff work of the Academy, including the preparation of decisions for the commandant, but also for areas beyond his own department. In co-operation with the institutes, he was also required to harmonise planning and organisation of training and research programmes.

In 2002, the structure was modified to accommodate the following branches:

Branch I (Command) comprises the staff elements commonly referred to as S1 to S6 in the military, i.e. personnel (S1), security (S2), training (S3), material and supplies (S4), public relations and international relations (S5), and information systems technical support and the main administrative office (S6).

Branch II (Infrastructure) includes a supply group, a car pool, and the officers' mess.

Branch III (media, print & copy shop) includes a photo studio, a video studio, and the Academy's print shop. The latter produces more than 13 million pages of printed material per year, including training aids and many of the Academy's publications.

Branch IV (operations research & simulation) manages technical and tactical problem-solving capacities and runs the Simulation Centre in Neulengbach.

Ein Betrieb wie die Landesverteidigungsakademie mit fast 200 Mitarbeitern und zahlreichen Kursteilnehmern erfordert eine entsprechende Infrastruktur. In den Magazinen des Logistikbereichs lagern Ausrüstungs-, Kanzlei- und Wirtschaftsgüter aller Art.

With a permanent staff of almost 200 and numerous students attending courses, the Academy needs an adequate infrastructure. The logistic and supply branch provides the necessary stocks of military and office material.

1

2

3

Die hervorragende Infrastruktur der Akademie ist zwar oft „unsichtbar", ist für viele Aktivitäten aber eine wesentliche Voraussetzung. Die Verfügungsgruppe sorgt mit dem Offizierskasino für das „leibliche Wohl" der Teilnehmer an Veranstaltungen (**Bilder 1 und 3**). „Feldmäßiger" verläuft die Verpflegsausgabe beim Führungssimulator in Neulengbach (**Bild 2**).

Ein weiteres wesentliches Element war stets die Druck- & Kopierstelle, die sich aus eher bescheidenen Anfängen (**Bild 4:** die alte Kopierstelle im Sappeurtrakt um 1980) zum beachtlichen Reprozentrum Wien (Akademiedruckerei) entwickelte und Druckwerke aller Art (Bücher, Broschüren, Hefte usw.) nicht nur für die Landesverteidigungsakademie, sondern auch für andere Dienststellen erzeugt (**Bild 8**).

Als ein weiteres wesentliches Element der Führungsabteilung ist die Kraftfahrergruppe für die notwendigen Transporte für Veranstaltungen und Exkursionen verantwortlich. Dies erfordert entsprechende Vorbereitung und Organisation (**Bild 6**). Insbesondere die Fahrvorbereitung der Fahrer der Großraumbusse erfordert Fingerspitzengefühl und Ortskenntnis (**Bild 7**). Ausbildung und Weiterschulung der Heereskraftfahrer (darunter zahlreicher Rekruten) finden in der Maria-Theresien-Kaserne, im Amtsgebäude Stiftgasse, in der Custoza-Kaserne Neulengbach oder auch im zivilen Bereich statt (**Bild 5**).

4

5

6

*The excellent infrastructure of the Academy is the 'backbone' of many of its activities. This includes catering during conferences and lectures by the officers' mess (**pictures 1 and 3**), but also the 'field style' food available during exercises at the Simulation Centre at Neulengbach (**picture 2**).*

*From more humble beginnings (**picture 4:** the old copy shop in the Sappers' Wing, ca. 1980), the copy & printing unit developed into the Academy's 'Reprozentrum' producing books, brochures and teaching aids not only for the Academy, but also for other offices of the Ministry of Defence (**picture 8**).*

*The car pool ensures the necessary transport for conferences and staff rides. This requires precise organisation, as conferences and seminars are held not only in Vienna, but also at places like Reichenau or Bad Ischl (**picture 6:** planning transport schedules). Special preparations are necessary to ensure smooth routing for the big (and unwieldy) buses (**picture 7**). Training of drivers (including young soldiers doing their national service) takes place at Maria Theresia Barracks and Stift Barracks in Vienna, but also at Neulengbach and by using civilian contractors (**picture 5**).*

7

8

Die Medienstelle der Landesverteidigungsakademie

Die heutige Medienstelle entstand 2002 aus drei Grundelementen – der Druck- & Kopierstelle, der Video- & Fotostelle sowie der Zeichenstelle. Diese Organisationselemente waren zur Unterstützung von Forschung und Lehre gegründet worden. Rasch war ersichtlich, dass diesen drei Schlüsselstellen der multimedialen Kommunikation auch eine dementsprechende technische Ausstattung zur Verfügung gestellt werden musste. Allerdings begann dieser Aufbauprozess nur äußerst langsam, da es sich in den gegebenen Planungsstrukturen durchwegs um „Sonderbeschaffungen" handelte.

In den frühen neunziger Jahren erfolgte mit der Einführung moderner Tageslichtprojektoren und zeitgemäßer Kommunikationssysteme (Interkom) sowie dem Beginn einer Bildarchivierung in Form von Negativen, der Videobearbeitung und der für damalige Begriffe höchst modernen Ausstattung der Druck- und Kopierstelle mit Standkopierern ein großer Schritt zu einer modernen Ausrüstungsstruktur. Mit der Schaffung der Untergruppe „Leitbild Corporate Identity/Öffentlichkeitsarbeit" wurde 1996 erstmalig erkannt, dass durch eine Zusammenfassung dieser drei Einzelelemente Synergien möglich sind. Layout (Zeichenstelle), Fotomaterial, Produktion des LVAk-Videos und drucktechnische Umsetzung sollten besser abgestimmt werden, um ein professionelles Gesamtprodukt zu erreichen. Dies war die eigentliche Geburtsstunde der Medienstelle.

Im Jahre 2007 wurde das Videostudio um einen digitalen Regie-, Schnitt- und Aufnahmeplatz erweitert. Diese Ausstattung

The Media Studio of the National Defence Academy

The Media Studio was created in 2002 by uniting three basic elements: the printing and copy shop, the video and photo studio, and the graphics studio. All three elements had been established to support research and teaching. Clearly, these three key elements of multi-media communications needed adequate technical equipment. This was provided, but slowly, because the usual bureaucratic obstacles against 'special' requirements took time to overcome.

Die Medienstelle der Landesverteidigungsakademie verfügt über ein Foto- und ein Videostudio. Die multimediale Kommunikation verlangt eine entsprechende Ausstattung; die Bildbearbeitung erfolgt seit Jahren digital.
The Media Unit includes a photo and video studio. Multimedia communication needs appropriate material. Photo editing has been done on a digital basis for many years.

In the early nineties, the first big step towards a modern infrastructure was taken, providing modern overhead projectors, communication systems, systematic photo documentation, video facilities and up-to-date equipment for the copy shop. When a working group on corporate identity and public relations was established in 1996, the advantages of uniting the three elements (copy, photo/video, and graphics studio)

ermöglicht es, direkt auf die technischen Module des Festsaals (Sala Terrena) zuzugreifen und mehrsprachige audiovisuelle Medien zu produzieren. Kameras und sonstiges Equipment werden unmittelbar vom Regieplatz der Medienstelle angesteuert. Das so gewonnene Material kann direkt auf Datenträgern gespeichert werden. Als zusätzliche Erweiterungsmodule der Medienstelle sind in diesem Studio Schnittstellen vorhanden, um den Zugriff auf die für die Forschung unabdingbaren Informationsquellen zu ermöglichen, beispielsweise ein zeitversetztes Abspielen von Programmen in Hörsälen verbunden mit der Einspielung von animierten Ausbildungsmaterialien. Für das Jahr 2008 ist ein interaktives Hausleitsystem geplant, mit dem es möglich sein wird, auf aktuelle Veranstaltungen zuzugreifen, sich interaktiv durch die Landesverteidigungsakademie führen zu lassen oder Informationsmaterial zeitgleich zu einem laufenden Symposion abzurufen.

came to be recognised. Layout, photo-documentation, production of an Academy video and printing activities could be brought together to achieve a more professional overall presentation. This was the birth of the Media Studio.
In 2007, the video studio was provided with digital production equipment that allows for interaction with the technical equipment of the main hall (the 'Sala Terrena'), and for the creation of audio-visual products in various languages. Cameras and other equipment can be directed from the Media Studio, and the resulting material can be recorded and stored. Additional features allow for the transmission of programmes and animated training material to screens in the lecture rooms for research purposes. The installation of an interactive 'house directing system' is planned for 2008, which should make it possible, for example, to take an interactive guided tour through the Academy, or to call up information on a symposium as it is taking place.

Das Videoteam der Medienstelle hält wichtige Vorhaben in Bild und Ton fest. Dazu gehören auch Simulationsübungen am Standort des Führungssimulators in Neulengbach.
The video team is responsible for documenting major projects, including simulation exercises at the Neulengbach Simulation Centre.

Der Führungssimulator

Mit dem Führungssimulator wurde ein zeitgemäßes Mittel zur Unterstützung der Ausbildung von Kommandanten und Stäben im Rahmen des Ausbildungsauftrages der Landesverteidigungsakademie und der Theresianischen Militärakademie sowie für die Aus- und Weiterbildung von Verbänden des Bundesheeres geschaffen. Vor allem soll der Einsatz der verbundenen Kräfte in Form von Stabsrahmenübungen unter realen Zeitabläufen geübt werden. Dies soll möglichst ohne „Drehbuch" ablaufen.

International hat sich für diese Ausbildung der Ebenen Bataillon und Brigade der Einsatz von computerunterstützten Simulatoren durchgesetzt. Der Führungssimulator bietet die Möglichkeit – unabhängig von den immer noch notwendigen Manövern – Kommandanten und deren Stäbe ohne großen Aufwand auszubilden. Dadurch können Verbände anstatt jährlich oder gar nur zweijährlich, nun mehrmals im Jahr intensiv beübt werden. Im Jahr 1993 wurden die Anforderungen an ein IT-gestütztes Kriegsspiel definiert, welches im Rahmen der Offiziersausbildung und von Operations-Research genutzt werden konnte. 1995 genehmigte der damalige Generaltruppeninspektor General Karl Majcen das Projekt Führungssimulator und beauftragte die Landesverteidigungsakademie mit der Durchführung.

In Zusammenarbeit mit dem Heeresdatenverarbeitungsamt (heute: Kommando Führungsunterstützung) wurde schließlich das bei der deutschen Bundeswehr eingeführte System „GESI" (Gefechtssimulation) der Firma CAE-Electronics für die Beübung der Stäbe auf Ebene Bataillon ausgewählt. Für das österreichische System wurde die Bezeichnung Führungssimulator (FüSim) bestimmt. Das bedeutet aber nicht, dass die Führung simuliert wird. Vielmehr werden am Führungssimulator die Truppe und deren Verhalten abgebildet, welches den Kommandanten zur kontinuierlichen Führung veranlasst.

The Simulation Centre

The Simulation Centre, situated in Neulengbach (a few kilometres west of Vienna), is an up-to-date support system for the training of commanders and staff personnel. It is utilised by the National Defence Academy (Vienna) and the Military Academy (Wiener Neustadt) as well as by all units of the Austrian Armed Forces. Its main task is to conduct staff exercises that practise real-time co-operation between different actors, as far as possible without a 'script'.

Internationally, the use of computer-supported simulations for training at battalion and brigade levels has become state-of-the-art. Simulation centres will never fully replace real-life training exercises and manoeuvres, but they provide cost-effective additional training possibilities for commanders and staff officers. Units can train more often, i.e. several times a year instead of just once every one or two years. In 1993, the require-ments for an IT-based 'war game' were formulated, to be used for officer training and for operations research. In 1995, the then Army Chief of Staff Karl Majcen authorised the 'Simulation Centre Project', to be overseen by the National Defence Academy.

The German GESI combat simulation system, produced by CAE Electronics, was chosen for staff training at battalion level. The troops and their performance are simulated and the commander and his staff must react accordingly.

The Simulation Centre at Neulengbach became operational in November 1998. Initial doubts and hostility were overcome, and everyone involved came to recognise its utility as a training aid. All course students at the National Defence Academy and all units of the Austrian Armed Forces at brigade and battalion levels have been trained there, most of them several times. By 1999 already, officers of the Czech Military Academy's general staff course (at Brno) had participated in an exercise at the Simulation Centre, and several international delegati-

Am Führungssimulator in der Custoza-Kaserne in Neulengbach erfolgen als erste Schritte die Planung (oben) und die Befehlsgebung zu einer taktischen Lage. Die nächste Phase umfasst die kontinuierliche Führung des Gefechts bzw. des Einsatzes an der Lagekarte und an den „taktischen Arbeitsplätzen" (Computer).
Exercises at the Simulation Centre (located at Custoza Barracks in Neulengbach) start with planning (above) and the issuing of orders for a specific tactical situation. The next phase includes continuous command and control during combat or a different operation, using the computer-based tactical workstations.

Im November 1998 erfolgte die Inbetriebnahme des Führungssimulators in Neulengbach. Rasch legten sich anfängliche Scheu und Ressentiments bei den Übungsleitern, den beübten Kommandanten und bei den Bedienern. Der Simulator wurde allgemein als effektives Ausbildungsmittel akzeptiert. Neben den Lehrgängen der Akademie übten hier in den folgenden Jahren alle Verbände des Österreichischen Bundesheeres, vom Bataillon bis zur Brigade die meisten bereits mehrmals. Schon 1999 nahmen Offiziere des Tschechischen Generalstabskurses der Militärakademie Brünn (Brno) an einem Lehrgang am Führungssimulator teil. Wie groß das Interesse ausländischer Armeen an derartigen Simulationssystemen ist, zeigt, dass im Laufe der vergangenen Jahre zahlreiche in- und ausländische Delegationen – so aus Deutschland, Frankreich, Italien, Jordanien, Kroatien, den Niederlanden, Norwegen, Polen, Rumänien, der Schweiz, der Slowakei, aus Slowenien, der Tschechischen Republik, der Ukraine und aus Ungarn – am österreichischen Führungssimulator eingewiesen wurden.
Im Jahr 2000 konnten zusätzliche Simula-

ons – from Croatia, the Czech Republic, France, Germany, Hungary, Italy, Jordan, the Netherlands, Norway, Poland, Romania, Slovakia, Slovenia, Switzerland, and Ukraine – have since visited the Centre.
Additional simulation workstations were installed in 2000, bringing the total to 31 regular tactical workstations and two auxiliary ones. For better data transfer, the light guide network was completely renewed in December 2004. At the same time, the dated Alpha computers were exchanged for more modern ones, and the system updated from UNIX to LINUX. New software was installed in early 2005. Up to then, only combat between two parties could be simulated, whereas the new system allows up to nine parties to play in international peace operations scenarios, with positions ranging from 'hostile' to 'neutral'.
Until now, exercises were only possible in one location, working with a local area network (LAN). In mid-2005, CAE tested a wide area network (WAN) system, uniting two simulation centres in Germany and Austria. This test was successful, and in November 2006 this software was installed in the two simulation centres operated by the

tionszellen (nun 31 reguläre taktische Arbeitsplätze sowie zwei adaptierbare Arbeitsplätze) eingerichtet und zum besseren Datentransfer ein Lichtleiternetz installiert werden. Im Dezember 2004 wurde die komplette Verkabelung des Lichtleiternetzes und des Kommunikationssystems erneuert oder ergänzt und die alten Alpha-Rechner gegen neue PC und zugleich das Betriebssystem UNIX auf LINUX ausgetauscht. Eine wesentliche Leistungssteigerung erfolgte zu Jahresbeginn 2005 mit der Installation einer neuen Software. War es mit dem bisherigen „Zweiparteiensystem" nur möglich, Kampfaktionen gegeneinander auszuführen, so können nun bis zu acht Parteien in den Relationen „feindlich" und/oder „neutral" in Szenarien internationaler Friedensoperationen üben.
In der Vorbereitung werden durch ein übergeordnetes Kommando die Zielsetzung und das Thema mit allen Befehlen und Plänen erarbeitet, die Truppe für den Aufbau einer externen Verbindung sowie die Stabstrainer eingeteilt und die Unterkünfte angemietet. Die Übungseingabe erfolgt zumeist ein bis zwei Wochen vor der geplanten Übung. Bisher waren Übungen nur an einem Standort über ein lokales Netz (Local-Area-Network, LAN) möglich. Im Sommer 2005 erprobte die Firma CAE eine WAN (Wide-Area-Network)-Technologie für vernetzte Simulationen, bei der je zwei Simulationszentren in Deutschland und Österreich eingebunden waren. Nach dieser erfolgreichen Übung wurde diese Software im November 2006 in den beiden Simulationszentren des Bundesheeres installiert. Es ist nun möglich, über eine Datenfernverbindung Übungen zwischen zwei bestehenden lokalen Netzen (z.B. in Neulengbach und in Wiener Neustadt) durchzuführen. Mit transportablen Geräten (Notebooks) kann in Zukunft auch ein neues lokales Netz (LAN) geschaffen und in eine WAN-Vernetzung eingebunden werden.

Das Gefecht bzw. der Einsatz wird dann an den „taktischen Arbeitsplätzen" mit Computern geführt. Der Übungsleiter der übenden Truppe und der Leiter des Simulationszentrums haben den Gesamtüberblick, um die Übungsnachbesprechung vorbereiten zu können.
The simulated battle or mission is led from the 'tactical workstations' at computers. The exercise director of the unit and the Simulation Centre C.O. have the overall picture to enable the preparation of post-exercise assessment and feedback.

Austrian Armed Forces (in Neulengbach and at the Military Academy in Wiener Neustadt). Linked exercises between these two centres have now become possible. In the future, using transportable notebooks, local area networks can be installed at other sites, too, and linked to the existing centres through a wide area network.

Arbeit an einem der mobilen Arbeitsplätze im Führungssimulator.
Mobile working station at the Simulation Centre in Neulengbach.

Zentraldokumentation und Information (ZENTDOK)

Central Documentation and Information Department

Die Zentraldokumentation wurde am 1. Mai 1968 als Teil des neu geschaffenen Instituts für Strategische Grundlagenforschung eingerichtet und hatte den Auftrag, die für Forschung und Lehre benötigte Fachliteratur zu sammeln, auszuwerten und bereitzustellen. Schon frühzeitig wurde für diese Arbeitsgänge die elektronische Datenverarbeitung (EDV) eingesetzt; das dafür geschaffene System DADOK (Direkte Abfrage von Dokumenten) wurde in die Informationssysteme des Bundesheeres integriert.

Die viel versprechenden Möglichkeiten der Informationsverarbeitung und -verbreitung wurden im Bundesheer früh erkannt, weswegen die Zentraldokumentation mit Ministerweisung Nr. 36 vom 10. Juli 1973 den Auftrag zur Informationsversorgung des Bundesheeres insgesamt erhielt. Zu diesem Zweck wurden die im Rahmen des Ressorts betriebenen Dokumentationsstellen koordiniert, rationalisiert und zentralisiert. 1992 wurde die Zentraldokumentation eine selbstständige Abteilung der Landesverteidigungsakademie und damit direkt dem Akademiekommandanten unterstellt.

Die Entwicklung von DADOK vollzog sich in mehreren Ausbaustufen:

- DADOK I (1970-1973) arbeitete mit EDV-erstellten Registern und Katalogen (KWIC = Keyword in Context) zur Auskunftserteilung an die Benutzer.
- DADOK II (1973-1977) brachte die Direktabfrage von Dokumenten mithilfe

The Central Documentation section was established on 1 May 1968 as part of the new Institute for Strategic Research in order to collect and make available the basic materials required for research and teaching. Even in the early stages, an electronic data management system was used, which was specially designed to allow 'direct access to documents' (hence the German acronym DADOK).

Walter Badin (hier als Amtssekretär und Major d.Res., heute Hofrat i.R.) bei der Arbeit am DADOK-Terminal.
Major Walter Badin, one of the longest-serving members of the Academy, during information retrieval at the DADOK desk.

Besuch einer Delegation der sowjetischen Frunse-Militärakademie, 1980. Hofrat Dr. Friedrich Fritz demonstriert die DADOK-Abfrage.
Dr. Friedrich Fritz presents DADOK information retrieval to a delegation from the Soviet Frunse General Staff Academy (1980).

des Dialogsystems IRMS (Information Retrieval and Management System).
- DADOK III (1977-1987) verwendete zur Direktabfrage das Programm STAIRS/VS-TLS (Storage and Information Retrieval System/Virtual Storage-Thesaurus and Linguistic Integrated System), in das erstmals ein neu geschaffener militärischer Fachthesaurus integriert war. Das Wesentliche an diesem System waren die Einbeziehung grammatisch-linguistischer Spezialroutinen sowie der maschinelle Thesaurus. Für Abfragen kam AQUARIUS (A Query and Retrieval Interactive Utility System) zum Einsatz, das die Routinen für die Abfragesprache bildete; der Programmteil TLS (Thesaurus and Linguistic Integrated System) stellte den Dialog mit Thesaurus sicher.
- DADOK IV (1987-1999) war gekennzeichnet durch eine Verbesserung des

The great potential of such a system was soon recognised, and by ministerial decree No. 36 of 10 July 1973 the Central Documentation Section was tasked with providing materials for the whole of the armed forces. As a result, existing documentation units were amalgamated and their data centralised. In 1992, the Central Documentation section became a department in its own right at the National Defence Academy, and was placed under the direct control of the commandant.
The DADOK system was developed in several steps:
- DADOK I (1970-1973) used registers and catalogues to provide materials, using the KWIC system i.e. 'key word in context'.
- DADOK II (1973-1977) established the direct retrieval of documents through the Information Retrieval and Management System (IRMS).
- DADOK III (1977-1987) used the

Major dhmfD Mag. Klaus Mak übergibt dem Kommandanten, Korpskommandant Erich Eder, eine Kopie des 600.000. in der Literaturdokumentation eingespeicherten Dokuments, 17. März 1994.
Major Klaus Mak presents a copy of the 600,000th document stored in the data base to the Commandant, Lieutenant General Erich Eder. .

Abfragemodus durch den zusätzlichen Einsatz von CICS/VS (Customer Information Control System/Virtual Storage), einem Monitorprogramm, unter dem verschiedene Abfrage-, Datenerfassungs- und Datenveränderungssysteme liefen. Ein weiteres Charakteristikum dieser Ausbaustufe war die Einführung einer einheitlichen Online-Erfassung unter TSO (Time-Sharing Option).
- DADOK V (seit 1999) brachte die Ablösung von STAIRS/VS-TLS durch Excalibur RetrievalWare, später umbenannt in Convera RetrievalWare. Diese Systemablöse war durch das Auslaufen der IBM-Wartung für STAIRS notwendig geworden und erforderte die Neueinführung eines Fachinformationssystems, das nicht nur auf die bis dahin aufgebauten Datenbestände im Umfang von ca. 600.000 Dokumenten, sondern auch auf die im polyhierarchischen Thesaurus enthaltene Fachterminologie zurückgreifen konnte. Convera erfüllt diese Kriterien und

STAIRS/VS-TLS (Storage and Information Retrieval System/Virtual Storage-Thesaurus and Linguistic Integrated System) programme for direct access, which for the first time included a newly-created thesaurus of military terms. This utilised special grammatical-linguistic software. Researchers used the AQUARIUS (A Query and Retrieval Interactive Utility System) programme for queries. The TLS element (Thesaurus and Linguistic Integrated System) provided the link with the thesaurus.
- DADOK IV (1987-1999) improved the query system by adding the monitor programme CICS/VS (Customer Information Control System/Virtual Storage) which combined several query, data-collecting and data updating systems. At the same time, a standardised online data entry system was introduced (TSO, Time-Sharing Option).
- DADOK V (from 1999 on) replaced STAIRS/VS-TLS with Excalibur RetrievalWare, later renamed Convera RetrievalWare. This became necessary when IBM

eignet sich darüber hinaus zur Suche in Daten jeder Art – Intranet und Internet, SQL-Datenbanken, beliebigen Dateien etc. Damit trägt dieses System dem Umstand Rechnung, dass immer mehr Online- und Internet-Datenbanken mit Volltext zum Einsatz kommen.

Die Zentraldokumentation ist verantwortlich für die Beschaffung, Auswertung, Erschließung, Speicherung und Zurverfügungstellung „offener" Fachliteratur (d.h. nicht von Verschlusssachen), wobei Dokumente auf Grund ihrer Aktualität und Relevanz mit Schwergewicht auf politischen, strategischen, militärischen und technischen Inhalten ausgewertet werden. Bei diesen Primärdokumenten handelt es sich um Bücher, Zeitschriften, Studien und Berichte sowie Informationsdienste und Magazine.

Diese Primärdokumente werden nach Registratur, Auswertung, Mikroverfilmung bzw. Scannen unter Einsatz des Fachthesaurus indexiert und in die Literaturdokumentation aufgenommen, sie sind mittels Convera RetrievalWare abfragbar. Im Zuge der Auswertung werden qualitativ besonders hochstehende Dokumente für die Erstellung von Abstracts ausgewählt, die in

Die Handbibliothek der Zentraldokumentation Ende der siebziger Jahre.
The Central Documentation's library, late seventies.

Die monatlichen Informationsdienste, die von der Zentraldokumentation der Landesverteidigungsakademie und ihrem deutschen Gegenstück, dem Dokumentationszentrum der deutschen Bundeswehr, herausgegeben werden.
Monthly information brochures published by the Central Documentation and its German counterpart.

support for STAIRS ended. The new system integrated data already collected (some 600,000 documents in total) with special terminology contained in the polyhierarchical thesaurus. Convera now allows the searching of all kinds of data, including the armed forces' own intranet as well as the internet, SQL data bases, and other files – a development necessary in view of the increasing amount of full-text data provided by various online data bases.

The Central Documentation department is responsible for the acquisition, selection, indexing and retrieving of 'open' (i.e. unclassified) literature. Primary sources include books, magazines and studies, as well as information services. Selection is based on their topicality and relevance from a political, strategic, military or technical point of view.

These primary documents are registered, micro-filmed or scanned, and then indexed with the help of the special thesaurus. They

zwei monatlich erscheinende Publikationen „Information – Dokumentation" aufgenommen werden (Teil A: Allgemeine Informationen, Teil B: Wehrtechnische Informationen). Diese Dienste sind essenzielle Komponenten der Informationsversorgung, weil sie den Nutzer in die Lage versetzen, sich einen Überblick über die Fachliteratur zu verschaffen, die er im Bedarfsfall in der Originalfassung abrufen kann.

can be located by using the Convera Retrieval Ware system. In the course of the processing, abstracts are made of documents of particular interest and are published on a monthly basis in an 'Information-Documentation' series, which is divided into general (series A) and technical (series B) informations. These abstracts form an essential part of the services provided by the Central Documentation department by giving the reader an overview of relevant material that he can then call up in the full version, if necessary.

Organisation

Die Zentraldokumentation gliedert sich in die Bereiche Dokumentation und Information, wobei erstere aus den Komponenten Allgemeine Dokumentation und Technische Dokumentation, letztere aus den Referaten DADOK, Online-Datenbanken und Presseauswertung besteht. Die Dokumentation ist verantwortlich für die Selektion der Primärquellen sowie deren Bestellung, Auswertung, Verfilmung und inhaltliche Erschließung, die Information für die Abfrage der Literaturdatenbank sowie Recherchen in Online-Datenbanken. Die Ergebnisse solcher Recherchen fließen in Pressespiegel bzw. SDI-Dienste (SDI = Selective Dissemination of Information) ein, die dem Nutzer entweder direkt zugestellt oder über ein Fachportal zugänglich gemacht werden. Diese Zentraldokumentation-Intranet-Homepage ermöglicht es, strukturierte Inhalte anzubieten. Berechtigten Nutzern steht ein täglich aktualisierter News-Bereich mit „Fachinformationen aktuell", „Krise aktuell", Jane's Fachdatenbanken, dem Pressespiegel des Verteidigungsministeriums, mit APA-

Organisation

The department comprises the 'documentation' and 'information' branches. The former is subdivided into general and technical documentadion, while the latter comprises DADOK (document retrieval), online data bases, and screening. The documentation branch is responsible for the selection and acquisition of primary sources, microfilming, and indexing. The information branch handles requests for material from the data base, and also conducts online data base searches. The results of these searches are made available via press reports and a selective dissemination of information (SDI) service, and are either directly transmitted to the user or made available through a special intranet link.

Mitarbeiter des Referats „Input" um 1980. Links Dr. Wilfried Aichinger, Renate Pirckmayer und Harald Weghaupt.
Staff of the 'input' section, ca. 1980.

Meldungen usw. zur Verfügung. Daneben bietet das Fachportal den Einstieg für DADOK-Abfragen bzw. in andere Convera-Datenräume („libraries").
Die Gesamtorganisation der Zentraldokumentation wurde ständig den sich wandelnden Anforderungen angepasst. Die Dislozierung in der höchsten Ausbildungsstätte des Bundesheeres im unmittelbaren Umfeld von Forschung, Lehre und Ausbildung verlieh dieser eine optimale Umgebung für die Etablierung ihrer heutigen Funktionalitäten, die durch neue Methoden und Technologien eine Plattform für Wissensmanagement entstehen ließen.

The Central Documentation homepage on the intranet offers structured information in the shortest possible time, including daily updated news, 'recent information' and 'current crises' sections, as well as access to Jane's data bases, the ministry's press digest, news from the Austrian Press Agency (APA) etc. A link on the homepage also permits access to DADOK or to other Convera libraries.
The organisation of the department has been frequently modified in response to changing demands in order to provide an up-to-date platform for knowledge management to serve a high-level research and teaching institution.

Plattform für Wissensmanagement

Convera RetrievalWare erlaubt nicht nur die individuelle Strukturierung von Datenräumen, sondern auch die Nutzung unterschiedlichster Suchfunktionalitäten, die von der Boole'schen Suche über den Pattern- bis zum Concept-Mode reichen. Erstere bedient sich der Boole'schen Operatoren „and", „or", „not", „adjacent" und „within", um Suchbegriffe zu verbinden bzw. auszuschließen, um präzisere Recherche-Ergebnisse zu erzielen. Der Pattern-Mode erlaubt die Erkennung von unterschiedlichen Schreibweisen sowie von Schreib- und OCR-Fehlern, was eine aufwändige Nachbearbeitung gescannter Dokumente erspart. Der Concept-Mode ermöglicht schließlich ein Expandieren der Suchbegriffe über ein semantisches Netzwerk.
Daneben wurden Zusatzfunktionalitäten aus STAIRS implementiert wie z.B. Klammersetzungen oder Ranking-Möglichkeiten, die zusammen mit „Stored Query" oder zusätzlichen Druckoptionen ein anspruchsvolles Expertentool ergeben. Dass das Instrument auch den Thesaurus sowie sprachlich und inhaltlich zugeordnete semantische Netzwerke implementiert, run-

Platform for management of knowledge

Convera RetrievalWare allows both for the individual structuring of data libraries as well as the use of a variety of search modes ranging from a Boolean-type query to pattern and concept modes. The former uses the 'Boolean operators' ('and', 'or', 'not', 'adjacent', 'within') to fine-tune a specific search. The 'pattern mode' recognises different spellings as well as spelling and OCR mistakes, which eliminates the time-consuming editing of scanned documents. The 'concept mode' uses a semantic network to expand search terms.
The implementation of additional STAIRS functions allow the use of brackets in queries or specific ranking patterns which – combined with 'stored query' and other printing facilities – provide a highly developed tool for experts. Further possibilities are offered by the thesaurus and linguistic- and contents-based semantic networks. The integration of terminological tools in a semantic network makes it possible to expand the hierarchies of the thesaurus step by step according to the specific data available. Further full-text sources are offered by the LexisNexis data base (which at present contains some 35,000 primary sources in 16

det das positive Image dieses Tools ab. Durch die Integration des Terminologiewerkzeuges in ein semantisches Netzwerk können die Hierarchien des Thesaurus stufenweise expandiert und auf den jeweiligen Datenbestand abgestimmt werden. Mit der Lexis Nexis-Datenbank (35.000 Primärquellen in 16 Sprachen) oder anderen kommerziellen Datenbanken wie z.B. der Austria Presse-Agentur (APA) stehen der Zentraldokumentation weitere Volltextdatenbanken zur Verfügung, die aber im Vergleich zu Convera nur beschränkte Retrievalfunktionalitäten aufweisen. Die Plattformfunktionalität unterstützt einen „innovativen Wissenszyklus", dessen Kernaufgabe die Generierung von Fachterminologie sowie die Verdichtung, Speicherung und Verteilung von Daten, Information und Wissen bleibt. Alle Entwicklungsschritte wurden im Hinblick auf die praktische Arbeit des unmittelbaren Umfeldes der Zentraldokumentation vorgenommen, wobei insbesondere im Rahmen der wehr- und sicherheitspolitischen Forschung versucht wurde, komplexe Fragestellungen durch den Einsatz neuer Technologien besser zu unterstützen.

Nur die optimale Abstimmung der drei Hauptkriterien für Informationsqualität und Wissensqualität, d.h. Technologie, Kontext sowie Effektivität der Information, ermöglicht die Realisierung dieses innovativen Wissenszyklus, an dessen Ende qualitativ höher stehende Entscheidungen stehen sollen.

Amtsdirektor Hans C. Pilles und Korporal Christoph Hauer arbeiten am Internet-Terminal (2006).

H.C. Pilles and Corporal C. Hauer during internet information retrieval, 2006.

languages) and by other commercial data bases such as the Austria Press Agency (APA), but their retrieval functions are limited compared with Convera. The platform functions to support an 'innovative cycle of knowledge' that generates special terminology as well as condensing, storing and distributing information. All developments are made with a view to their practical implementation by the other institutes of the Academy. Taking into account the demands of defence and security policy-related research and teaching, constant efforts are being made to better support complex demands with new technologies.

Only an optimal balance between the three main criteria for quality of information – technology, context, and efficiency – makes the realisation of this innovative cycle of knowledge possible. In the end, it should allow for a higher quality of decision-making.

Österreichische Militärische Zeitschrift (ÖMZ)

Austrian Military Journal

ÖMZ
ÖSTERREICHISCHE MILITÄRISCHE ZEITSCHRIFT
begründet 1808

Die Napoleonischen Kriege brachten eine Zeit großer Umbrüche in Europa, die auch das Heerwesen und die Kriegswissenschaft betrafen. Für Österreich war Erzherzog Carl prägend. Er erkannte die Notwendigkeit der Gründung eines Mediums, das auf wissenschaftlicher Basis Offizieren die Möglichkeit zur Information und Bildung geben sollte. So kam es 1808 zur Gründung der „Österreichisch-militärischen Zeitschrift". Im „Vorbericht" zur ersten Ausgabe des Heftes hieß es über das Ziel dieser Publikation: „Was immer die Kriegswissenschaft im Allgemeinen und Einzelnen erweitert, ja selbst entfernt auf sie einwirkt, was das Bestehende befördert oder neue Aussichten eröffnet, sogar Hülfs- und Vorbereitungswissenschaften gehören zum Gebiethe dieser Zeitschrift." Ganz im Gegensatz zu den Vorschriften der Armee sollte dieses Medium viel mehr sein als deren Ersatz auf wissenschaftlichem Niveau. Gerade in dieser Zeit der Umbrüche erschien es notwendig, eine Diskussionsplattform zu schaffen, um eine Weiterentwicklung der Kriegskunst zu ermöglichen. Demzufolge hieß es im Auftrag: „Die Redak-

The Napoleonic Wars led to great changes in Europe, not least in the art and conduct of war. In Austria, Archduke Charles (younger brother of Emperor Francis II of the Holy Roman Empire until 1806, a.k.a. Francis I of the newly-created Austrian Empire of 1804) became the most influential reformer. He recognized the necessity of a military journal which would offer information and knowledge to officers, based on scientific methods. In 1808, the first issue of the new 'Austrian Military Journal'

Die ÖMZ wurde im Jahr 1808 von Erzherzog Carl von Österreich begründet. Dieser Schritt war auch als Reaktion auf die Umwälzungen des Kriegswesens im Zuge der Napoleonischen Kriege zu verstehen.
The Austrian Military Journal was founded in 1808 by Archduke Charles of Austria (seen here during the battle of Würzburg in 1796). The creation of the Journal was part of the reforms initiated in response to the changes in warfare during the Napoleonic Wars.

tion ist in der Lage, manche Erzählung, besonders anziehender Vorfälle mitzutheilen, und sie wird vorzüglich solche wählen, die von dem, was in Geschichtsbüchern steht, abweichen, und selbst diejenigen nicht ausschließen, wo dem Parteigeiste nur Parteigeist anderer Art gegenüber steht, und wo der unbefangene Leser die Wahrheit mitten inne liegen lässt." Dieser Auftrag von 1808 hat auch heute seine Gültigkeit nicht verloren, wobei wir uns derzeit wieder in einem Paradigmenwechsel befinden, der gerade das Militär und die damit befassten Wissenschaften vor neue Herausforderungen stellt.

Die Kriegswirren des Jahres 1809 unterbrachen die Produktion der Zeitschrift, erst 1811 konnte sie wieder erscheinen. Im Vorbericht zu diesem Heft ist ihre Bestimmung aufgeführt, „wissenschaftliche Kenntnis unter den Offizieren der k.k. Armee zu verbreiten und jeden derselben, der auf höhere Kultur Anspruch macht, aufzumuntern, seinen Geist auf nützliche Art zu beschäftigen". Von diesem Zeitpunkt an war, von wenigen Ausnahmen in Kriegs- und Revolutionszeiten abgesehen, dem Medium ein Erscheinen bis ins Jahr 1914 beschieden. So findet sich beispielsweise in der Österreichischen Militärischen Zeitschrift aus dem Jahre 1834 die erste in Österreich publizierte Rezension von Clausewitz' Werk „Vom Kriege", wo es heißt: „Von dem Gesichtspunkte ausgehend, dass der Krieg nichts ist, als die fortgesetzte Staatspolitik mit anderen Mitteln, strebt der Verfasser, unterstützt von einem tiefen, philosophischen Blicke, die eigentlichen Gesetze der Wissenschaft, die Hauptlineamente des Krieges zu ermitteln, und somit seinen weiteren Betrachtungen eine feste Basis zu geben. Dieses Streben gibt dem ganzen Werke eine besondere Farbe, ein eigenthümliches, höchst auffallendes Gepräge; wodurch ein eigener Abschnitt für die Kriegswissenschaft an den Tag gefördert wird."

Oesterreichisch-militärische
Zeitschrift.
Erstes Heft.
Wien.
Aus der kaiserl. königl. Hof- und Staatsdruckerey.
1808.

Das erste Heft aus dem Jahre 1808. Bereits 1809 musste die Produktion infolge der Kriegswirren unterbrochen werden.
The first issue of the Journal appeared in 1808. Already in 1809, publication was interrupted by yet another war.

was published. In the foreword, the aims of the new publication were defined: 'Whatever furthers the art and science of war in general or in particular, including auxiliary or preparatory sciences, will fall within the scope of this Journal.' It was not intended to replace army manuals, but sought to serve as a platform for discussion in times of change, and to further develop the art of war. The Journal's mission expressly welcomed deviation from established practice: 'The editors are able to, and will, choose from many possible scenarios those that deviate from established patterns in history books, and will not even exclude those where one partisan spirit might oppose another partisan spirit, to leave the choice of the truth to the reader.' This mission statement is still valid today, and possibly even more so, given current paradigm changes, which pose new challenges for the military and for military sciences.

Der Erste Weltkrieg unterbrach erneut das Erscheinen der Zeitschrift, sollten doch in Kriegszeiten kriegswissenschaftliche Erkenntnisse umgesetzt, nicht diskutiert werden. Erst in den zwanziger Jahren begann das Österreichische Bundesministerium für Heerwesen mit der Herausgabe der „Militärwissenschaftlichen Mitteilungen". Der Wunsch, wie er 1937 in diesem Medium geäußert wurde, erfüllte sich allerdings nicht: „Wir wollen und müssen – wenn es auch noch viel Aufklärungs- und Erziehungsarbeit kosten wird – auch die Auswirkungen der früheren Zwiespältigkeiten [gemeint sind die Auseinandersetzungen zwischen Sozialdemokraten, Christlichsozialen und Nationalsozialisten, die in den Bürgerkriegen von 1934 gipfelten] überwinden, um wirklich alle geistigen und materiellen Kräfte des Volksganzen in den Dienst der Selbstbehauptung zu stellen."

Nach dem „Anschluss" Österreichs im März 1938 an das Deutsche Reich erschienen die Hefte bis zum Jahre 1944 als „Militärwissenschaftliche Mitteilungen der Zweigstelle Wien" mit Darstellungen des Kriegsgeschehens, jedoch durchzogen von nationalsozialistischer Propaganda. Die Veröffentlichung in Kriegszeiten, vor allem aber die Benutzung eines wissenschaftlichen Mediums für propogandistische Zwecke lassen den Bruch mit dem Bisherigen erkennen. Letztlich handelte es sich in der Zeit von 1938 bis 1944 um eine Publikation, die mit der Tradition österreichischen militärischen Schrifttums außer im Titel keine Gemeinsamkeiten aufwies.

Erst nach der Wiedererlangung der Souveränität Österreichs 1955 begannen mit der Aufstellung des Bundesheeres wieder Ansätze für eine militärwissenschaftliche Zeitschrift. So erschienen Anleitungen und Unterlagen für die Offiziere des jungen Bundesheeres unter dem Titel „Für den Kommandanten". Der „Vater" dieses Bundesheeres der Zweiten Republik, General der Artillerie Dr. Emil Liebitzky, be-

ÖSTERREICHISCHE

MILITÄRISCHE ZEITSCHRIFT.

REDIGIRT UND HERAUSGEGEBEN

VON

V. STREFFLEUR,

K. K. GENERAL-KRIEGS-COMMISSÄR.

VIRIBUS UNITIS

I. JAHRGANG.

ZWEITER BAND.

MIT 14 KARTEN UND PLÄNEN, 29 HOLZSCHNITTEN UND 1 DRUCKBEILAGE.

WIEN.

AUS DER KAISERL. KÖNIGL. HOF- UND STAATSDRUCKEREI.

1860.

IN COMMISSION BEI RUDOLPH WAGNER (F. SCHNEIDER & COMP.) BERLIN, UNTER DEN LINDEN No. 10.

Ab 1811 erschien die ÖMZ kontinuierlich bis 1914. Hier der zweite Band aus 1860.
From 1811 to 1914 the Austrian Military Journal appeared without major interruptions. Shown here is the second volume of 1860.

The new war of 1809 interrupted publication of the Journal, which only reappeared in 1811. In the foreword of this new issue, the mission was (again) defined as 'the distribution of scientific knowledge among the officers of the Imperial-Royal [i.e. Austrian] Army, and the encouragement of all those who aspire to higher culture to usefully shape their minds'. Publication was occasionally interrupted by wars and revolutions, but in general the Austrian Military Journal appeared regularly until the outbreak of the First World War in 1914. In 1834, it had published the first review article on Clausewitz's book 'On War' in Austria: 'Starting with the view that war is but the continuation of state policy by other means, the author, from a deeply philosophical standpoint, aims at deducing the true laws and main role of war, in order to create a firm basis for his further deliberations. This aim gives his whole work a special colour and a particular substance, which results in a new chapter for the science of war.'

gann im Rahmen der Österreichischen Offiziersgesellschaft, militärwissenschaftliche Erkenntnisse in der Zeitschrift „Landesverteidigung“ herauszugeben. Diese trug bereits den Untertitel „Österreichische Militärische Zeitschrift“, der ab Jänner 1963 zum Haupttitel gemacht wurde, womit an die lange Tradition österreichischen militärischen Schrifttums angeknüpft werden konnte.

Inhaltlich sollte sich die neue Zeitschrift vom „Truppendienst“ – dem 1962 ins Leben gerufenen Partnermedium – in der Form unterscheiden, dass der Truppendienst vor allem die Angelegenheiten der militärischen Ausbildung und Schulung behandeln sollte, insbesondere für Kommandanten bis zur Ebene des Bataillons und im Bereich der Taktik. Die Österreichische Militärische Zeitschrift hingegen habe, so die Vorgabe, die „Probleme höherer Ordnung“ zu behandeln. Daraus ergab sich jene Abgrenzung, die für diese wissenschaftliche Zeitschrift im Gebiete des Wehrwesens jene Bereiche bestimmt, mit denen sie sich bis heute beschäftigt: Sicherheitspolitik, Strategie, Polemologie (Kriegswissenschaft) und Militärwissenschaft inklusive aller Wissenschaften, die in Teilbereichen zuarbeiten können.

Die Österreichische Militärische Zeitschrift (ÖMZ) erscheint seit dem Jahre 1963 laufend alle zwei Monate. Als Chefredakteur wurde zuerst Hauptmann a.D. (des Ersten Weltkrieges) Gustav Stöckelle betraut. Er suchte den Anschluss an die ursprüngliche Zielsetzung, eine wissenschaftliche Publikation für den Fachbereich Militär und Wehrwesen hervorzubringen. Dieses Projekt erhielt seine Basis durch einen Vertrag zwischen dem Bundesministerium für Landesverteidigung und dem Verlag Carl Ueberreuter in Wien über die Herausgabe, den Druck und den Vertrieb einer militärwissenschaftlichen Zeitschrift.

Im Jahre 1969 wurde die Zeitschrift nach dem Tod von Hauptmann a.D. Stöckelle vom damaligen Oberst (später Divisionär)

Für das 1955 neu aufgestellte Bundesheer wurde die Zeitschrift „Landesverteidigung“ herausgegeben, die im Untertitel auf die traditionelle „Österreichische Militärische Zeitschrift“ verwies.
For the new Austrian Armed Forces created in 1955, a journal 'National Defence' was published, whose subtitle referred to the traditional 'Austrian Military Journal'.

The First World War interrupted the Journal for some time – in times of war, military science was to be applied, not discussed. Only in the twenties did the new Austrian Army Ministry start publication of the 'Military Scientific News'. The following wish was expressed in the 1937 edition: 'We will and we must – even if it involves much work to enlighten and to educate – overcome the consequences of earlier disagreements [referring to the increasing violence between Social Democrats, Christian Socialists, and National Socialists, culminating in the two civil wars of 1934] in order to concentrate all the mental and material resources of the people on maintaining our independence.' It was not to be fulfilled, however.

Following the annexation of Austria to Hitler's Third Reich in the 'Anschluss' of March 1938, the Journal continued to be published until 1944 as 'Military Scientific News of the

Ab 1963 erscheint die ÖMZ alle zwei Monate in einem Umfang von 96 bis 144 Seiten. Im Bild das Jubiläumsheft „10 Jahre Bundesheer".
From 1963 on, the Austrian Military Journal has appeared bimonthly, each issue featuring between 96 and 144 pages. Shown here is the special issue '10 years Armed Forces', published in 1965.

Franz Freistetter als Chefredakteur übernommen und 24 Jahre lang geführt. Im Kalten Krieg erlangte diese Zeitschrift durch die sorgfältige und ausgewogene Berichterstattung in sicherheitspolitischen und militärwissenschaftlichen Belangen über die beiden ideologisch geprägten Hemisphären einen exzellenten Ruf weit über Österreich hinaus. Nicht zuletzt aus der Position des neutralen Kleinstaates genoss die ÖMZ den Vorteil einer weitgehenden Unparteilichkeit in der Berichterstattung. Dank seiner Bemühungen und seiner fachlichen Seriosität gelang es Franz Freistetter, nicht nur Persönlichkeiten des öffentlichen Lebens in Österreich als Mitarbeiter zu gewinnen, sondern auch bekannte Fachleute aus Ost und West, und so die ÖMZ zu einer im deutschen Sprachraum und darüber hinaus anerkannten militärischen Fachzeitschrift werden zu lassen.

Vienna Branch'. It still offered factual articles on military affairs, including the current war, but these were intermingled with Nazi propaganda. Publication at a time of war, and the use of a scientific medium for propaganda purposes, demonstrated the breach with the past. In fact, apart from the title, the issues of 1938-44 had little in common with traditional Austrian military publications.
Only when Austria regained her sovereignty in 1955, and when a new army was created, were the first steps taken towards a new military magazine. Articles with tips and information for officers were published in a journal called 'For the Commanding Officer'. General Dr. Emil Liebitzky, the 'father' of the new army, launched another magazine called 'National Defence' in the context of the Austrian Officers' Association. The latter was already called ' Austrian Military Journal' in the subtitle, thus proclaiming the continuation of a long tradition of Austrian military publications.
Eventually, two new magazines were published by the Austrian Armed Forces, both in (overlapping) two-month intervals. The 'Truppendienst', created in 1962, catered mainly for questions of tactics and training for officers and NCOs up to battalion level. In contrast, the 'Austrian Military Journal' was to deal with higher-level matters. This division of labour still works well, and the Journal concerns itself with security policy, strategy, war studies, military and auxiliary sciences.
Since 1963 the Austrian Military Journal (Österreichische Militärische Zeitschrift, better known as ÖMZ) has been published every two months. The first editor-in-chief was Captain (ret.) Gustav Stöckelle, whose military career went back to the First World War. He sought to continue the original premise of creating a scientific publication for military and defence matters. The Journal was formally published by a private publishing house, Carl Ueberreuter in Vienna, on contract to the Ministry of Defence.
Captain Stöckelle died in 1969, and the editor's job was taken over by an officer from the Armour School, Colonel (later Major General) Franz Freistetter, who held this position for 24

Zu Beginn der neunziger Jahre wurde die Herausgabe der ÖMZ durch das Bundesministerium für Landesverteidigung direkt übernommen und die Redaktion als eigene Abteilung der Landesverteidigungsakademie in die Strukturen des Bundesheeres eingegliedert. Bereits damals war zu erkennen, dass der bisherige Stellenwert als Fachmedium eines neutralen Landes immer mehr an Zugkraft verlieren würde. Ein neues Redaktionskonzept sollte es ermöglichen, in dieser Phase des Überganges nach der „Wende" von 1989/90 weiterhin als einschlägige Fachpublikation zu bestehen. In der zweiten Hälfte der neunziger Jahre wurde das Layout der Zeitschrift grundlegend verändert, sodass sich die ÖMZ heute als moderne Zeitschrift präsentiert. Insbesondere bildete der Einstieg der Redaktion in das Computerzeitalter einen wichtigen Schritt für eine zeitgemäße Fortführung der Redaktionsarbeit.

Nach wie vor und in Zeiten großer Veränderungen mehr denn je besteht der Bedarf

Divisionär Franz Freistetter führte ab 1969 die ÖMZ 24 Jahre lang als Chefredakteur und etablierte sie als international anerkanntes Spitzenprodukt österreichischer Wehrwissenschaften.

Major General Franz Freistetter was editor-in-chief for 24 years and established the Journal's reputation as an internationally renowned publication.

1993 übernahm Oberstleutnant dG Gerald Karner (im Bild rechts, bei einem Besuch des Bundesministers Dr. Werner Fasslabend) die Redaktion.

In 1993, Lieutenant Colonel Gerald Karner (right, during a visit to the editorial offices by the Minister of Defence, Dr. Werner Fasslabend) became editor-in-chief.

years. During the Cold War, the careful and balanced reporting of both sides of this ideological conflict established the Journal's reputation well beyond Austria's borders. Its base in a small and neutral country gave it the advantage of a high degree of impartiality. Thanks to his strictly facts-oriented style, Franz Freistetter was able to recruit not only well-known Austrian authors, but others from both sides of the east-west divide. It thus became a well-established military medium for German-speaking countries and others. Upon the retirement of

Unter der Ägide Oberst Karners wurde die ÖMZ einer „Generalüberholung" unterzogen...
Under Colonel Karner the Journal received a complete 'face lift' ...

an qualifizierter Fachinformation über neue Entwicklungen in den Bereichen Sicherheitspolitik, Polemologie und Militärwissenschaft. Die Österreichische Militärische Zeitschrift versucht, diesem Anspruch gerecht zu werden, indem sie sich diesen neuen Herausforderungen zuwendet und diese entsprechend beleuchtet. Dabei gilt es, eine Mischung zwischen den Lehren aus der Vergangenheit im Rahmen der kriegsgeschichtlichen Untersuchungen, der Darstellung gegenwärtiger einschlägiger Erkenntnisse und den Perspektiven und Prognosen künftiger Entwicklungen zu finden. Damit soll dem Leser eine Bandbreite an Material angeboten werden, das ihn einerseits über neue Entwicklungen in Kenntnis setzt und andererseits über Vorgänge und Geschehnisse im internationalen sicherheitspolitischen und militärischen Bereich informiert.

General Freistetter in the early nineties, the Austrian Military Journal was directly taken over by the Ministry of Defence, and its editorial office became a department of the National Defence Academy. It was clear that with the end of the Cold War the Journal's special position as a voice from a neutral country would lose its significance and that a new direction would be needed. The layout was fundamentally changed in the second half of the nineties, and the Journal now presents itself as a modern magazine, with many illustrations in colour, yet has not sacrificed its quality. The editors entered the computer age at the right time to allow most of the preparatory work for publication to be done at the editorial office and not by the (commercial) publishers as before.

Now there exists an ever greater demand for qualified information about new developments on security policy, war studies and military sciences. The Austrian Military Journal still aims at fulfilling this demand by turning towards new challenges and examining them in detail. It looks for the right balance between lessons from the past, current developments, as

...und fand schließlich zu ihrem heutigen Aussehen.
... eventually leading to its present look.

Acht Mitarbeiter sind für die Fertigung des Heftes zuständig. Im Bild links der derzeitige Chefredakteur, Oberst dG MMag. Dr. Andreas Stupka (hier noch als Oberstleutnant), mit dem Redaktionsreferenten und dem Grafiker bei der Präsentation der ÖMZ am Nationalfeiertag 2002.
The editorial staff comprises eight people. The picture shows the present editor-in-chief, Colonel Dr. Andreas Stupka (then still a lieutenant colonel), with some members of the editorial staff during the presentation of the Journal at the National Holiday information show organised by the Armed Forces in 2002.

Die Produktion der Zeitschrift erfolgt inhaltlich und gestalterisch in der Redaktion an der Landesverteidigungsakademie, gedruckt werden die Hefte weiterhin durch ein gewerbliches Unternehmen. Die ÖMZ erscheint sechsmal im Jahr, mit einem Umfang von etwa 120 bis 140 Seiten je Heft. Die jeweiligen Inhalte werden als Kurzfassungen (teilweise auch im Volltext) ins Internet gestellt. Jedes Heft hat gegenwärtig eine Auflage von 4.500 Stück.

well as perspectives and forecasts for the future. The reader is thus offered a wide range of information.
Content and layout of the Journal are taken care of by the editorial office at the National Defence Academy, while the actual printing process is handled by a commercial publisher. The Austrian Military Journal is published six times a year, with each issue containing between 120 and 140 pages. Short summaries (and occasionally the full text) are available via the internet. Each issue currently has a printing run of 4,500 copies.

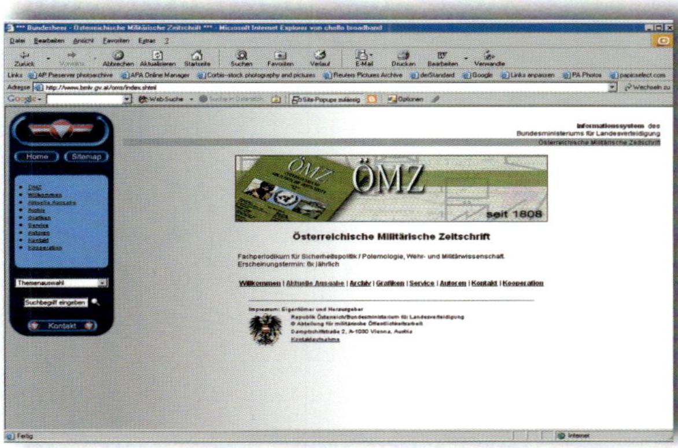

Im Internet ist die ÖMZ mit einer Homepage vertreten, die u.a. Auszüge aus den laufenden Ausgaben bietet (www.bmlv.gv.at).
The Journal is also present on the internet, offering summaries of articles from current issues at www.bmlv.gv.at).

Institut für Militärisches Geowesen (IMG)

Institute for Military Geography

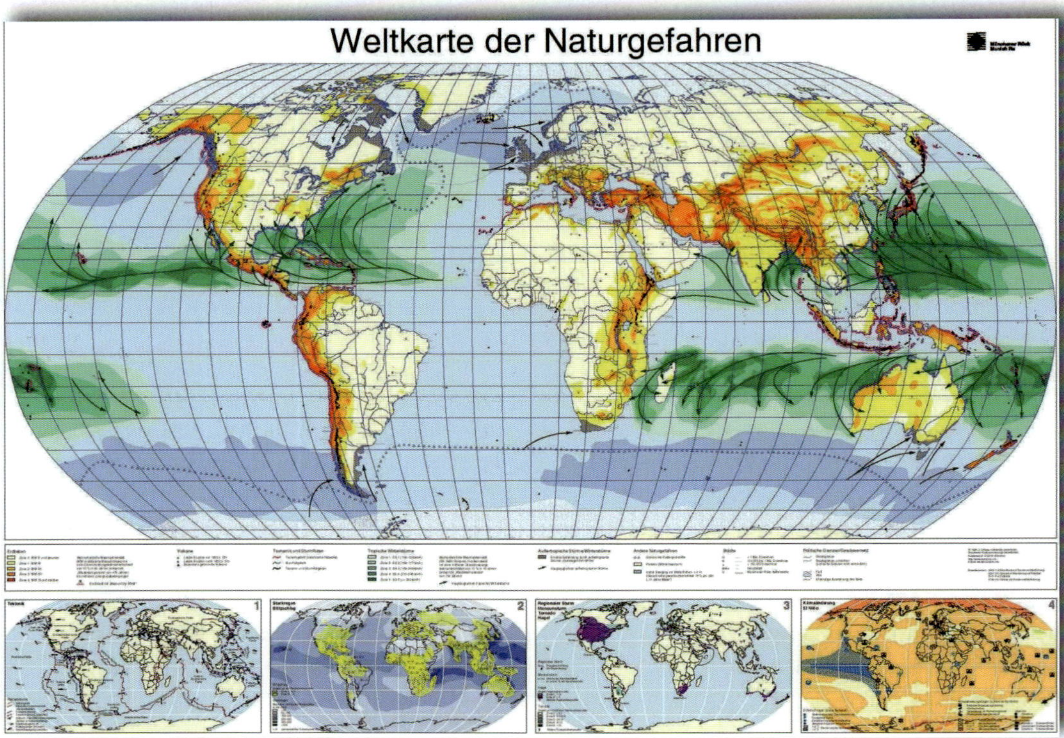

Gerade in einer Zeit der Globalisierung ist solides geographisches Wissen besonders wichtig.
In times of globalisation, solid geographical knowledge is more important than ever.

Die Militärgeographie besitzt in Österreich eine lange Tradition. Auch im Zweiten Bundesheer erhielt sie früh Bedeutung, obwohl ein eigenes Institut für Militärisches Geowesen erst am 15. Jänner 1997 eingerichtet wurde. Truppendienstlich war es eine Abteilung der Landesverteidigungsakademie, fachdienstlich jedoch der Führungsabteilung sowie der Abteilung Militärstrategie im Bundesministerium für Landesverteidigung zugeordnet. 2002 wurde das militärische Geowesen im Zuge der Reorganisation des Ministeriums in-

Military geography in Austria looks back on a long and proud tradition. In the Austrian Armed Forces of the Second Republic, the importance of military geography was recognised early on, although a proper Institute for Military Geography was only created on 15 January 1997. It was a department of the National Defence Academy, although it was subordinate to the depart-

nerhalb der Zentralstelle zum Rüstungsstab/IKT-Direktion transferiert und das Institut für Militärisches Geowesen dem Kommando Führungsunterstützung unterstellt; damit endete die Zugehörigkeit zur Landesverteidigungsakademie.
Die Karte, so der erste Leiter des Militärischen Geowesens im Bundesheer, Oberst Prof. Zewedin, ist eine „stille Waffe" – doch sollte dies nicht dazu führen, Leistungen und Produkte des militärgeographischen Fachdienstes als selbstverständlich anzusehen.
Das Militärische Geowesen und seine zentrale Dienststelle im Österreichischen Bundesheer, das Institut für Militärisches Geowesen, erhalten ihre grundlegende Aufgabenstellung aus den verfügten Regelwerken. Für den Fachbereich selbst ist das grundsätzlich nach wie vor das „MilGeo-Konzept 90". Nach der politischen „Wende" in Europa um 1989-91 hat sich das militärische Einsatzspektrum des Bundesheeres von primär inlandsorientierten Aufgaben zunehmend auf auslandsorientierte Aufgaben verlagert. Im Inland verbleiben im Wesentlichen lediglich Grenzsicherungseinsatz (sicherheitspolizeilicher Assistenzeinsatz), Luftraumüberwachung und Assistenzeinsätze bei Katastrophen. Mitwirkungen an georäumlich uneingeschränkten, also durchaus globalen Einsätzen im Rahmen internationaler Organisationen (UN, EU, OSZE, usw.) nahmen in den letzten zehn Jahren zu.
Daraus ergaben sich für das Institut für Militärisches Geowesen völlig neue Aufgaben. Denn unbeschadet des weltweiten Tourismus und der Datenflut aus den Medien einschließlich des Internets ist der Kenntnisstand über die konkreten Umfeldbedingungen für militärische Operationen in einem beliebigen Gebiet unserer Erde immer noch sehr gering. Eine zeitgemäße und aufgabenorientierte Länderkunde im klassischen Sinne leistet hier nach wie vor gute Dienste. Wesentliches Merkmal der ad-hoc-Auslandseinsätze von Kräften des Bundesheeres ist die

ments of command and of military strategy in the Ministry of Defence. In the course of a general reorganisation in 2002, military geography became part of the agenda of the armaments staff and the Institute came under the command of the Command Support Command, thus ending its formal five-year affiliation with the National Defence Academy.
According to the first director of military geography, Colonel Zewedin, the map is a 'silent weapon', and the value of a special military geographical service should not be underestimated.
The tasks of the Institute for Military Geography are defined first and foremost by the 'Military Geography Concept 1990'. Due to major changes in Europe in 1989-91, the main mission for the Austrian Armed Forces has shifted from national defence to participation in international missions. In Austria, the main tasks now consist of support for the border police in border surveillance, airspace control and surveillance, and assistance to the civilian powers in disaster relief. Participation in international missions worldwide, in the context of organisations like the UN, the EU, OSCE etc., has significantly increased over the past ten years, bringing new, extended demands on military geographers.
Despite the development of tourism and the mass of information available over the internet, concrete knowledge about circumstances in specific regions is often still limited. As a result, up-to-date, detailed country studies are very important. Especially in the case of natural disasters, where preparation time is extremely short, detailed maps and information about conditions in a mission area are often required within 24 hours. This is, of course, much more difficult than the preparation of extensive country studies over a period of years, but the Institute has more than once proven its capabilities in this area. Experience and assessments from previous assignments are carefully integrated into preparations for new ones.

Im militärischen Bereich sind Landkarten eine unabdingbare Voraussetzung für die Planung und Durchführung von Operationen und Manövern (Das Bild zeigt die Übungsleitung während des großen Manövers des Bundesheeres in Niederösterreich 1965).

Maps are crucial instruments for the military in planning and conducting military operations as well as exercises (the picture shows the exercise staff during the major 1965 army manoeuvres).

kurze Vorbereitungszeit. Meist müssen alle Materialien und Unterlagen innerhalb von 24 Stunden bereitgestellt sein. Hierzu zählen geographische Informationen alle Art, wie Landesbeschreibungen, Karten, usw. Es ist leichter, nach jahrelanger Arbeit eine ausgefeilte Landeskunde eines beliebigen Raumes zu erstellen, als die wesentlichen Informationen in kürzester Zeit zu kompilieren. Das Institut hat in den zehn Jahren seines Bestehens mehrfach bewiesen, dass es dazu in der Lage ist. Und die gewonnenen Erfahrungen und Rückmeldungen fließen selbstverständlich in die nächsten Bearbeitungen ein.

Reformen und Transformationen

Aufgabenänderungen bedingen Reorganisationen – dies gilt im besonderen Maße für Streitkräfte. In den zehn Jahren seines Bestehens durchlebte das Institut zwei große Maßnahmen dieser Art: die Reorganisation des Jahres 2002 und die Transformationen des Jahres 2006. In beiden Fällen galt es, die noch junge Organisationseinheit vor Reduktionen zu

Reforms and Transformations

Changing tasks lead to reorganisation – especially in the case of the armed forces. During the ten years of its existence, the Institute has seen two major reforms: the reorganisation of the ministry and the higher commands of 2002, and the 'transformation process' which started in 2006. In both cases, it has proved possible to protect the young Institute against substantial cuts, although personnel strength

schützen, was weitgehend gelang. Der Personalrahmen richtet sich im Bereich des Bundesheeres grundsätzlich nach dem verfügten Organisationsplan. Hier musste das Institut anlässlich der Reorganisationsmaßnahmen des Jahres 2002 („REORG 2002") eine empfindliche Einbuße hinnehmen, die nur teilweise durch qualitative Mehrleistungen sowie verbesserte technische Infrastruktur kompensiert werden konnte. Mit Stand 2007 hält das Institut bei einem Rahmen von 24 Bediensteten zuzüglich einer wechselnden Zahl von facheinschlägig vorgebildeten Rekruten.

Eine große Unterstützung insbesondere bei den Forschungs- und Entwicklungsaufgaben des Instituts für Militärisches Geowesen bildet seine Milizkomponente, die im „Expertenstab" beim territorial zuständigen Militärkommando Wien eingerichtet ist. Hier sind derzeit 17 Milizoffiziere beordert, die einen weiten Teil geowissenschaftlicher und technischer Aufgabengebiete abdecken und so eine ideale Plattform wechselseitiger Information und Unterstützung bilden. Zu diesen Experten gehören Universitätsprofessoren, hohe Verwaltungsbeamte, Didaktiker und Wirtschaftstreibende. Als besonders wirksam hat sich naturgemäß die Verankerung von Führungspersonal aus dem Bereich des Bundesamtes für Eich- und Vermessungswesen (BEV) erwiesen – des zivilen Hauptpartners des Instituts. Viele schwierige Entscheidungen konnten dank des militärischen Verständnisses dieser Personen rasch und zum beiderseitigen Nutzen erzielt werden. Insgesamt eine beispielhafte Symbiose aus dem Bereich zivil-militärischer Kooperation!

Die materielle Ausstattung des Instituts für Militärisches Geowesen in den vergangenen zehn Jahren spiegelt generell den Übergang von analog zu digital orientierten Produktionsverfahren wider. Man mag es bedauern, dass die „klassischen" kartographischen Werkzeuge wie

was significantly reduced in 2002. This was partially compensated for by increased efficiency and an improved technical infrastructure. The Institute now has a permanent staff of 24, plus a number of suitably qualified soldiers performing their national service.

In addition, the Institute has a reserve component, i.e. the 'staff of experts' in the Vienna Military Command. Currently 17 reserve officers are assigned positions covering a wide range of geographical and technical expertise, providing a support platform of information. Among them are university professors, senior civil servants, and economic experts. Of special importance are the experts from the Federal Office for Measurement and Surveying, the main civilian counterpart to the Institute. Their understanding of military requirements has made many difficult decisions easier. All these elements together constitute a perfect example of a functional and mutually beneficial civil-military co-operation.

On the material side, the past ten years have seen the transformation to digital production techniques. One may regret the passing away of 'classic' cartographic aids like the engraving ring, transparencies, the light table, or strip film, but in many cases the internet has replaced atlases, lexica, or country studies in book form. These changes have taken place gradually, and often it seemed that the acquisition of hard- and software had become the main challenge for military geographers. But once the main demands for modern IT equipment had been met, attention soon went back to 'old' concerns, such as the optimising of military country studies, questions of scale, geoterminological problems (including multilingual maps) and the acquisition of worldwide geographical data.

From 1997 to 2001, the Institute was housed in the Rossau Barracks, close to the Danube Canal, then in the process of long-term intensive restoration. (It now houses the main offices of the ministry). This meant working inside a permanent building site. On some days, the prevailing dust made it impossible to see the end of the corridor, which unsurprisingly led to a breakdown of IT equipment.

Gravurring, Folien, Leuchttisch oder Stripfilm endgültig der Vergangenheit angehören. Im allgemein geographischen Bereich ersetzte das Internet in kurzer Zeit in weiten Bereichen klassische Werkzeuge wie Atlanten, Lexika oder Länderkunden. Diese Übergänge vollzogen sich gleitend und manchmal hatte es den Anschein, als bestünden die wahren Probleme der Militärgeographie (und mit ihr der Militärkartographie und anderer Aufgabenbereiche) in der Beschaffung entsprechender Hard- und Software. Methodische Fortschritte drohten auf der Strecke zu bleiben. Doch nach Deckung des dringendsten Bedarfes an IKT-Infrastruktur wandten sich die Aktivitäten wieder verstärkt den altbekannten Problemen und ihrer Lösung zu, wie der einsatzorientierten Optimierung militärischer Landesbeschreibungen, Fragen der kartographischen Maßstabsreihen, geoterminologischen (auch mehrsprachigen) Problemen und ganz allgemein der Geodatenbeschaffung auf globaler Basis.
Von 1997 bis 2001 befand sich das Institut im Amtsgebäude Roßau (Roßauer Kaserne). In diesen Jahren wurde diese Liegenschaft mit enormem Aufwand generalsaniert, und das Institut lebte jahrelang am Rande einer permanenten Baustelle – mit allen Auswirkungen. Es gab Tage, an denen man vor Baustaub das Ende des eigenen Ganges nicht erkennen konnte, andere, an denen die IKT-Strukturen infolge der Feinstaubbelastung streikten. Aus organisatorischen Gründen ergab sich statt der beabsichtigten Übersiedlung in die Stiftskaserne zunächst ein dreijähriges Intermezzo im Amtsgebäude Franz-Josefs-Kai. Die dortigen Verhältnisse waren allerdings trotz vorgestaffelter Adaption ebenfalls unbefriedigend. Erst im Jahre 2004 änderte sich durch die Übersiedlung in den renovierten Akademietrakt des Amtsgebäudes Stiftgasse die Lage grundlegend. Der Ausbau des dortigen Dachgeschoßes einschließlich der Klimaanlage, eine großzügige Raumgestaltung für die IKT-Strukturen sowie für die immer noch

Die Roßauer Kaserne („Amtsgebäude Roßau") beherbergte das Institut von 1997 bis 2001.
Between 1997 and 2001, the Institute was housed at Rossau Barracks.

A move to the Stift Barracks had been planned for some time, but conditions were such that in 2001 the Institute was moved temporarily to the Ministry's office building on the Franz-Josefs-Kai, not far from the Rossau Barracks. This offered some improvements, but conditions were still far from satisfactory. The move to the refurbished Academy Wing of the Stift Barracks in 2004 changed everything. The newly adapted former attic, with air conditioning, sufficiently large rooms for

Von 2001 bis 2004 war das Institut im Amtsgebäude Franz-Josefs-Kai untergebracht.
In 2001 the Institute moved to the office building at Franz-Josefs-Kai for three years.

erforderlichen Manipulationen großformatiger Karten und zeitgemäße Arbeitsplatzausstattungen bedeuteten einen Quantensprung nach vorne.

handling large maps, and adequate IT support, was a major step in the right direction. Although no longer part of the National Defence Academy, the Institute now shares the same roof.

Produkte

Die Entwicklung Militärischer Landesbeschreibungen (MLB) hat durch die zunehmende Auslandsorientierung des Bundesheeres einen großen Aufschwung genommen. Zur Zeit liegen Beschreibungen folgender Gebiete vor:
- Europa: Albanien, Bosnien und Herzegowina, Mazedonien, Moldawien, Montenegro und Serbien;
- Afrika: Äthiopien und Eritrea, Burundi, Guinea-Bissau, Liberia, Marokko, Sudan und Westsahara;
- Asien: Afghanistan, Berg-Karabach, Irak, Iran, Israel und Palästinensische Gebiete, Jammu und Kaschmir, Jemen, Jordanien, Libanon, Nordkorea, Saudi-Arabien sowie Syrien.

2006 wurde die fachdienstliche Schriftenreihe „Informationen des Militärischen Geodienstes" (IMGD) einer grundlegenden formalen Überarbeitung unterzogen. Die neue Reihe firmiert unter der Bezeichnung „MILGEO" und präsentiert sich in einer zeitgemäßen technischen Ausstattung.

1995 trat Österreich der NATO-PfP bei. Für das militärische Geowesen ergab sich eine Reihe von Verpflichtungen, u.a. im Rahmen der jährlichen „NATO and PfP Geographic Conference". Die zehnjährige Teilnahme an diesem Programm sowie die Übernahme des EU-Vorsitzes Österreichs im ersten Halbjahr 2006

Products

Due to Austria's increased role in international missions, the development of military country studies has become more important than ever before. At the time of writing, the following country studies are available:
- *Europe: Albania, Bosnia and Herzegovina, Macedonia (FYROM), Moldova, Montenegro and Serbia;*
- *Africa: Burundi, Eritrea and Ethiopia, Guinea-Bissau, Liberia, Morocco, Sudan, and Western Sahara;*
- *Asia: Afghanistan, Nagorno Karabach, Iran, Iraq, Israel and Palestinian Territories, Jammu and Kashmir, Jordan, Lebanon, North Korea, Saudi Arabia, Syria and Yemen.*

In 2006, the special series entitled 'Information by Military Geography' was redesigned, and is now published under the name 'MILGEO' in an updated format.

Since 1995, involvement in the NATO Partnership for Peace has resulted in some new

Mit der Übersiedlung in den prachtvoll renovierten Akademietrakt der Stiftskaserne fand das Institut optimale Arbeitsbedingungen.
The move to the newly renovated Stift Barracks in 2004 provided the Institute with excellent working conditions.

Die fachdienstliche Schriftenreihe präsentiert sich seit 2006 unter dem Titel „MILGEO" in zeitgemäßer Aufmachung.
The military geographical 'MILGEO' series received a complete facelift in 2006. Shown is the issue on Western Sahara.

gaben den Anstoß, über ein international identitätsstiftendes Signal nachzudenken. Als Ergebnis entstand die Publikation „International Handbook Military Geography" gemeinsam mit der Redaktion Truppendienst.

responsibilities, including participation in the annual NATO and PfP Geographic Conference. The tenth anniversary of joining the PfP coincided with Austria's second EU presidency in the first half of 2006. This presented an occasion to publish an 'International Handbook of Military Geography' in conjunction with the magazine 'Truppendienst' in the same year, which has helped to establish a clear identity for the Institute.

Kooperationen

Die zunehmende Internationalisierung und der Zwang zur Vermeidung von Doppel- und Mehrgleisigkeiten im Produktionsbereich legt die Ausweitung bi- und multilateraler Kooperationen nahe. Dies geschieht auf Basis der durch das Institut für Militärisches Geowesen abgeschlossen Memoranda of Understanding (MOU) oder ähnlicher Abkommen. Sie bilden die formale Basis für den Aufbau auch persönlicher Netzwerke, die wiederum die Grundlage der Abstimmung und wechselseitigen Hilfestellung bei fachdienstlichen Projekten sind. So konnten etwa die Arbeiten an der neuen Österreichischen Militärkarte 1 : 250 000 (ÖMK 250) derart rasch bewältigt werden, weil die Vektordaten für die Auslandsanteile dieses Kartenwerkes auf Basis der erwähnten MOUs beschafft werden konnten. Die so erzielten Einsparungen sind beträchtlich, der Gewinn überzeugend.

Co-operations

The necessity to avoid duplication of effort has led to closer international co-operation. This has been made possible by 'memoranda of understanding' (MOUs) between the Institute and its counterparts in other countries. Such memoranda provide the formal basis for the establishment of personal networks, leading to mutual support and coordination. Production of the new Austrian Military Map (scale 1:250,000, hence the official term ÖMK 250) was achieved in a short time, because vector data for the foreign parts on this map could be obtained through existing MOUs. Such agreements exist with all neighbouring countries and with France and the United Kingdom, and talks are underway with Croatia, Sweden and the USA.
In 1986 already, before the creation of the Institute, an 'administrative agreement' on mutual support had been concluded between the Ministries for Buildings & Infra-

MOUs wurden mit allen Nachbarstaaten Österreichs sowie mit Frankreich und Großbritannien abgeschlossen; mit Kroatien, Schweden und den USA laufen derzeit Vorgespräche.
Schon 1986, also vor der Schaffung des Instituts, wurde ein Verwaltungsübereinkommen zur gegenseitigen Hilfeleistung zwischen dem damaligen Bundesministerium für Bauten und Technik und dem Verteidigungsressort abgeschlossen. Dieses Abkommen wurde infolge geänderter gesetzlicher Rahmenbedingungen überarbeitet und im Herbst 2006 in adaptierter Form erneuert. Es erleichtert und erweitert die Kooperation in der Zusammenarbeit mit dem Bundesamt für Eich- und Vermessungswesen in Angelegenheiten der Grundlagenvermessung, der Staatsgrenzvermarkung, des Luftbildwesens, des Militärkartenwesens und generell der Geodatenbereitstellung.
Die Verbindung zu den Universitäten wird im Wege jährlicher „Akademikertrainings" gehalten. An wechselnden Universitätsstandorten sollen Arbeitsweisen, Methoden, Verfahren, Perspektiven und allgemeine akademische Kenntnisse und Fähigkeiten aus dem Fachbereich vermittelt und aufgefrischt werden. Im Rahmen dieser Veranstaltungen ergaben sich bislang aber auch sehr fruchtbare Rückkopplungen aus dem angewandten Bereich in Richtung der Universitätsinstitute. Zusätzlichen fachlichen Input erhält das Institut für Militärisches Geowesen natürlich durch die Angehörigen des Milizstandes im Expertenstab. Die Verbindung zur Österreichischen Geographischen Gesellschaft wird durch den Leiter des Instituts als Vorstandsmitglied wahrgenommen.

structure and Defence. This agreement had been adapted because of new legal conditions, and was renewed in autumn 2006. It facilitates and extends co-operation with the Federal Office for Measurement and Surveying, including general surveying, surveying of the borders, aerial photography and the provision of geographical data in general.
Co-operation with the universities is maintained in the form of annual 'academic training sessions', which offer an opportunity to exchange and update working techniques, methods, perspectives, and academic knowledge and practical expertise in general. These sessions provide feedback and practical experience for the institutes of geography at Austrian universities. An additional resource for the Institute is, of course, provided by the reserve officers in the 'experts team'. The Institute's head is also a council member of the Austrian Geographic Society, providing yet another link between the Institute for Military Geography and its civilian counterparts.

2006 erschien das Internationale Handbuch Militärgeographie als gemeinsame Publikation des Instituts und der Redaktion „Truppendienst".
In 2006, the International Handbook 'Military Geography' was published jointly by the Institute and the editors of 'Truppendienst'.

Verein der Freunde der Landesverteidigungsakademie

Association of the Friends of the National Defence Academy

Im Sommer 1992 entstand im Kommando der Landesverteidigungsakademie die Idee, nach angelsächsischem Vorbild (Alumni Association) einen „Verein der Freunde der Landesverteidigungsakademie" zu bilden, der im Prinzip drei Aufgaben wahrnehmen sollte:

- Förderung militärstrategischer und wehrwissenschaftlicher Anliegen,
- Bindung von Lehrgangsteilnehmern (auch nach Absolvierung von Kursen) und anderer Personengruppen an die Landesverteidigungsakademie im Prinzip einer gelebten Corporate Identity,
- Betreuung ausländischer Hörer der Landesverteidigungsakademie.

Initiator und in der Folge Präsident des Vereins war der Akademiekommandant, Korpskommandant (heute: General i.R.) Erich Eder. Als Vizepräsident und Geschäftsführer fungierte Oberstleutnant des höheren militärfachlichen Dienstes (heute Brigadier) Dr. Edwin Micewski; im Vorstand sind die einzelnen Institute der Akademie ebenso vertreten wie die Partner. Nach Klärung vielfältiger administrativer, finanzieller und struktureller Fragen erfolgte am 30. November 1992 der Antrag nach dem Vereinsgesetz und am 11. Jänner 1993 die Zustimmung (Nichtun-

In the summer of 1992, an alumni association of the National Defence Academy was formed, which would perform three functions:

- *support military, strategic and defence-related research issues,*
- *provide stronger links to the Academy for former students and others to encourage the sense of a living 'corporate identity', and*
- *support foreign students at the National Defence Academy.*

The first president of the new association (called 'Friends of the National Defence Academy'), was its initiator, the Academy's then commandant, Lieutenant General (now General [ret.]) Erich Eder. The vice-president was Lieutenant Colonel (now

General i.R. Erich Eder, der Präsident der „Freunde", und Generalmajor Günther Höfler anlässlich der Einweisung in die Aufgaben des Kommandos Internationale Einsätze in Graz (2004).
General (ret.) Erich Eder, president of the 'Friends', and Major General Günther Höfler during a visit to the International Operations Command at Graz in 2004.

Einweisung anlässlich der Exkursion zum Assistenzeinsatz an der burgenländischen Grenze 1996.
A visit to the army's border assistance operation on the Austrian-Hungarian border in 1996.

tersagung) der Sicherheitsdirektion Wien zur Vereinsgründung. Bald danach folgte die Aufnahme des Vereines in die Liste der wehrpolitisch anerkannten Vereine durch das Bundesministerium für Landesverteidigung; damit war eine Unterstützung durch das Ressort gegeben. So waren wesentliche Voraussetzungen für eine erfolgreiche Tätigkeit vorhanden; es begann eine intensive Mitgliederwerbung. Bis zur ersten Jahreshauptversammlung am 14. November 1994 konnten schon ca. 250 Mitglieder gewonnen werden.

Brigadier General) Dr. Edwin Micewski. The various institutes, as well as the Academy's partners, were and are represented on the Association's board. The official application under the Law of Associations was made on 30 November 1992, and was acknowledged on 11 January 1993. The new Association was recognised as a 'defence-related association' by the Ministry of Defence, which made support by the Ministry possible. Recruitment of members began, and by the time of the first annual general assembly of the Association on 14 November 1994, it already had some 250 members.

Zielsetzung

Wesentliche Ziele des Vereines waren und sind Unterstützung der Angehörigen der Landesverteidigungsakademie in Fragen von Bildung, Fortbildung und Sozialhilfe, Traditionspflege sowie die Erarbeitung und Verbreitung wehrpolitischen und strategischen Wissens für und durch die Vereinsmitglieder.

- Im Sinne der Identifizierung als Abgänger eines Lehrganges oder Kurses mit der Landesverteidigungsakademie bietet der

Aims of the Association

Important aims of the Association were – and still are – education, traditions and social assistance, as well as support for the creation and dissemination of a sound understanding of defence-related and strategic issues by and for members of the Association.

- The Association offers to graduates the possibility of supporting the teaching and research at the Academy to promote a sense of identification.

Am 25. April 2007 besuchten Angehörige der Akademie und Mitglieder der „Freunde“ die internationale Übung „KOMBAT 072“ der 3. Panzergrenadierbrigade zusammen mit Kräften der tschechischen 7. Brigade in Allentsteig.
On 25 April 2007, Academy staff and members of the 'Friends' visited the international exercise 'KOMBAT 072', where units of the 3rd Armoured Brigade trained together with elements of the Czech 7th Brigade.

Verein die Möglichkeit, die Lehr- und Forschungstätigkeit an der Akademie zu unterstützen und zu fördern.
- Die Betreuung und Unterstützung ausländischer Hörer an Lehrgängen und Kursen ist weiterhin wesentlicher Bestandteil der Aufgaben des Vereines, auch wenn sich die Betreuungstätigkeit von aktiver Einbindung der Mitglieder hin zu finanzieller Unterstützung der Veranstaltungen gewandelt hat.
- Die Unterstützung von Veranstaltungen durch den Verein macht viele von diesen überhaupt erst möglich. Außerdem leistet der Verein im Bedarfsfalle rasche und unbürokratische pekuniäre Unterstützung bzw. Überbrückungshilfe für seine Mitglieder und fördert das soziale Leben innerhalb der Akademie.
- Die Organisation und Durchführung von Vorträgen, Informations- und Diskussionsabenden sowie die Herausgabe von

- Support for foreign students continues to be an aim of the Association, although this now usually takes the form of financial support for events organised by the Academy.
- Financial support by the Association often is decisive for making certain lectures and events possible. The Association also financially supports members in case of need and aims to improve 'social life' at the Academy.
- Mainly for members who are not on the staff of the Academy, the Association organises or co-sponsors lectures and debate evenings, and publishes a newsletter providing

Publikationen stellt sicherheits- und wehrpolitische Information aus erster Hand vor allem für externe Mitglieder bzw. ehemalige Angehörige des Ressorts dar und ist wesentliches Movens, Mitglied des Vereines zu werden bzw. zu bleiben.
- Durch das Organisieren von Exkursionen zu herausragenden Veranstaltungen (Flugtage, Gefechtsübungen und Gefechtsschießen, Schießveranstaltungen) können aktuelle Einblicke in die Leistungsfähigkeit des Österreichischen Bundesheeres und seiner Truppen vermittelt werden, die in ihrer Vielfalt auch Berufssoldaten nicht immer möglich sind.
Besondere Highlights waren die zahlreichen Exkursionen und Truppenbesuche. So wurden beispielsweise Besuche bei den „Air Power" Flugschauen 2002 und 2005, beim Kommando Internationale Einsätze, bei Schieß- und Gefechtsübungen großer Verbände bzw. der Flieger- und Fliegerabwehrtruppe am Truppenübungsplatz in Allentsteig organisiert. Durch mehrmals durchgeführte Einweisungen in den Assistenzeinsatz an der burgenländischen Staatsgrenze konnte den Vereinsmitgliedern ein hautnaher Eindruck über die Leistungen im Zuge dieses Einsatzes geboten werden.
Als Mitteilungsblatt des Vereines werden die „Berichte" mehrmals im Jahr an die Mitglieder versandt. Auf jeweils 60 bis 70 Seiten wird über Aktuelles aus dem Vereinsleben und der Landesverteidigungsakademie informiert. Außerdem werden Seminararbeiten der Teilnehmer militärischer Lehrgänge und andere Texte publiziert.

first-hand information on defence and security policy, and on the Academy. For many, this is the main motivation for membership.
- Excursions to air shows and military exercises, or visits to the shooting range provide insights into the current abilities of the army. Even for professional soldiers, this is welcome additional information.
Highlights in recent years have been visits to different units (including several visits to units currently deployed on border assistance missions), to major exercises, to the International Operations Command and to the 'Air Power' air shows in 2002 and 2005.
The 'Berichte' ('reports') are sent to members several times a year. Each issue (of some 60 to 70 pages) contains news on the Academy and the Association, but also serves as a vehicle for seminar papers and other texts originating from the Academy's courses.

Der Akademietrakt der Stiftskaserne und die Sala Terrena

The Academy Wing of the Stift Barracks and the Sala Terrena

Die nach ihrem Gründer, Johann Konrad von Richthausen, Freiherrn von Chaos, benannte Chaos'sche Stiftung hatte im Bereich der heutigen Stiftskaserne schon seit 1679 ein Waisenhaus in Besitz gehabt; ab dem frühen 18. Jahrhundert begann hier die militärische Ausbildung künftiger Offiziere der Genietruppen (im heutigen Sprachgebrauch auf das Festungs- und Bauwesen spezialisierte Pioniere).

Named after its founder, Johann Konrad von Richthausen, Baron of Chaos, the Chaos Foundation had operated an orphanage on the grounds of the later Stift Barracks from 1679 on. In the early 18th century already, military training of future engineer officers took place on these premises.

In 1745, Duchess Maria Theresia Anna Felicitas de Savoy-Carignan, née Princess Liechtenstein, obtained the neighbouring

Seit 2004 präsentiert sich der renovierte Akademietrakt in seiner ganzen Pracht.
Since 2004: the renovated Academy Wing in all its splendour.

1745 erwarb die Herzogin Maria Theresia Anna Felicitas von Savoyen-Carignan, eine gebürtige Prinzessin von Liechtenstein, das westlich angrenzende Gelände (an der heutigen Stiftgasse), um eine „Adelige Ritterakademie“ zur Erziehung und umfassenden Ausbildung junger Adeliger zu errichten. Der Bau des neuen Gebäudes erfolgte unter Leitung Franz Anton Pilgrambs von 1746 bis 1749. Die Baukosten betrugen rund 250.000 Gulden (was heute etwa 4 Millionen Euro entspräche).

Die Savoy'sche Ritterakademie wurde 1756 durch die Krone übernommen und 1778 mit der Adeligen Akademie auf der Wieden (dem heutigen Theresianum) vereinigt. Der Akademietrakt beherbergte in der Folge das neue „Artillerie-Lyceum“ zur Ausbildung von Artillerieoffizieren. 1869 wurden die Ingenieurs- (Genie-) und die Artillerieakademie zur Technischen Militärakademie vereinigt; der Akademietrakt erhielt zu diesem Zeitpunkt ein zusätzliches (drittes) Stockwerk und damit sein heutiges Erscheinungsbild.

Von 1904 bis 1993 war das Kriegsarchiv, das ursprünglich zum Generalstab gehörte, im Akademietrakt untergebracht, der dafür entsprechend adaptiert wurde. Nach der Übersiedlung des Kriegsarchivs in das neue Zentralarchiv in Erdberg ergab sich die Möglichkeit, die bis dahin über mehrere Gebäude

grounds to the west (at what is now Stiftgasse) in order to build a 'Noble Chevaliers' Academy' for the education and training of young noblemen. The new building, now the Academy Wing, was erected by Franz Anton Pilgramb from 1746 to 1749, at a cost of some 250,000 Gulden (about 4 million Euros today).

The Savoy Noble Academy was taken over by the Crown in 1756, and integrated into the Noble Academy in the Wieden district (today's Theresianum in the 4th District) in 1778. Subsequently, the Academy Wing housed the new Artillery School (later Artillery Academy), which in 1869 was merged with the Engineer Academy to become the Technical Military Academy. In this context, a new (third) storey was added to the building, giving it its present appearance.

Die Restaurierung erfolgte unter sorgfältiger Bedachtnahme auf die bestehende Gebäudestruktur des Akademietrakts.
The restoration work of the Academy Wing was carried out with utmost care for the existing structure.

verteilten Institute der Landesverteidigungsakademie „unter einem Dach" zusammenzuführen. 1998 begann die Generalsanierung des Akademietraktes. Die Arbeiten umfassten das komplette Gebäude, von der Renovierung der Fassade, über die Sanierung der Fundamente, der Fenster und technischen Installationen bis hin zum Dachausbau und einer Neustrukturierung der Räumlichkeiten. Für Büros, Lehrsäle, Magazine, Arbeits- und Aufenthaltsräume sollten optimale Arbeitsbedingungen geschaffen werden. Neben den modernen Anforderungen der Nutzung durch die Akademie stand die Erhaltung des Barockbaues und die

From 1904 to 1993, the War Archives – originally a department of the General Staff – were housed in the Academy Wing, which was duly strengthened for this purpose. When the War Archives were transferred to the new Central Archives Building in the 3rd District, the building became vacant, which made it possible at last to unite the different institutes of the National Defence Academy 'under one roof'. In 1998, a major restoration project started, which refurbished the outside facades, the foundations, the windows, and allowed for technical installations. The attic was adapted to provide an additional office floor, and the roof replaced. Offices, lecture halls, store rooms

Bewahrung des ursprünglichen Charakters mit der historischen Bausubstanz im Vordergrund.
Nach sechs Jahren konnte die Generalsanierung abgeschlossen werden. Am 9. September 2004 wurde der „neue“ Akademietrakt in einem Festakt feierlich an die Landesverteidigungsakademie Wien übergeben.

etc. would offer optimal working conditions, including state-of-the-art technical equipment, but the restoration of the Baroque building and preservation of its original character were paramount.
This renovation project took six years to complete. On 9 September 2004, the 'new' Academy Tract was formally handed over to the National Defence Academy.

Die erforderlichen Umbauten waren teils erheblich (linke Seite), doch kann sich das Ergebnis sehen lassen.
The restoration involved considerable work (left page), resulting in a magnificent building.

Die Sala Terrena

The Sala Terrena

Die „Sala Terrena" ist der schöne, technisch hervorragend ausgestattete Festsaal der Akademie.
The 'Sala Terrena' is the beautiful Grand Hall of the Academy, which now also features up-to-date technical equipment.

Ein besonderes Prunkstück des Akademietraktes ist zweifellos der Festsaal, die „Sala Terrena". Das architektonische Konzept einer „Sala Terrena" geht auf die im Barock besonders in Italien und Frankreich beliebte Garten- und Grottenarchitektur zurück. Diese Grottenbauten waren allerdings für das helle Licht und die heiße Sonne des Südens konzipiert. Nördlich der Alpen entwickelte sich eine Variante, die

The Grand Hall, called 'Sala Terrena', is certainly the showpiece of the Academy Tract. Its design goes back to the garden and grotto architecture that was so fashionable in the Baroque era in Italy and France. Such designs, however, were more adapted to the bright light and warm climate of the south. North of the Alps a different form had evolved, with 'grotto' halls on the ground floor (and sometimes even partially below

Arithmetik **Arithmetic**

Geometrie **Geometry**

Dialektik **Dialectics**

Grammatik **Grammar**

zwar ebenfalls – im Gegensatz zu den üblichen Festräumen im ersten Stock – im Erdgeschoß oder sogar etwas tiefer angelegt war, angesichts der kühleren klimatischen Bedingungen aber in das Innere des Gebäudes verlagert wurde.
Die „Sala Terrena" im Akademietrakt der Stiftskaserne entstand zwischen 1746 und 1749 (letztere Jahreszahl ist in einem Dekkenmedaillon angeführt und deutet wohl auf die Fertigstellung hin). Damals ging das Barockzeitalter bereits dem Ende entgegen und der Klassizismus mit seinen Idealen von Klarheit und Mäßigung im Ausdruck begann barockes Stilempfinden in Gestaltung und Dekoration zunehmend zu verdrängen. Diese zeitlichen Strömungen fanden auch bei der Ausgestaltung der „Sala Terrena" des Akademietraktes ihren Niederschlag. Bei der Generalsanierung konnte festgestellt werden, dass ein

ground level), which were actually integrated into the building as a concession to the cooler climate.
The 'Sala Terrena' of Stift Barracks was built between 1746 and 1749 as part of the original Noble Academy (the year 1749 appears on one of the ceiling stuccos). This was already the late Baroque period, which was starting to be affected by new Classic ideals of clarity and moderation. This can be seen in the decoration of the 'Sala Terrena'. Restoration work showed that a high proportion of the decorative work dated back to the original building of the 1740s.
A significant feature of the 'Sala Terrena' is its stucco ceiling medallions, which represent the 'seven free arts' (arithmetic, geometry, music, astronomy, as well dialectics, rhetoric and grammar). These traditionally represented the canon of knowledge and education that a 'free man' (i.e. one not for-

Rhetorik **Rhetoric**

Musik **Music**

hoher Anteil der Dekorationselemente auf die originale Bausubstanz zurückreicht.
Wesentlicher Teil der „Sala Terrena" sind die Deckenmedaillons mit der Darstellung der „Sieben Freien Künste" (Arithmetik, Geometrie, Musik, Astronomie, sowie Dialektik, Rhetorik und Grammatik). Diese bezeichneten im Altertum jene Kenntnisse und Fähigkeiten, die der freie Mann an Allgemeinbildung besitzen sollte. Von der Spätantike bis in die Zeit von Renaissance, Humanismus und Reformation bedeuteten sie im Okzident einen verbindlichen Bildungskanon. Die „Freien Künste" in der „Sala Terrena" weisen im Gegensatz zu traditionellen Darstellungen früherer Jahrhunderte bereits deutliche Veränderungen in der Bildsprache auf. So entsprechen die „Putti" (kleine Engels- bzw. Knabenfiguren) dem Zeitgeist des Spätbarocks. Die grundsätzliche Wahl der Sieben Freien Künste als Gestaltungselement dieses Saales erinnert an den ursprünglichen Widmungszweck des Gebäudes als adelige (Offiziers-) Ausbildungsstätte.
Die Ausgestaltung der „Sala Terrena" erfolgte durch Matthias André und Johann Rueber. André, 1708 in Wien geboren und 1785 gestorben, führte seit 1750 hier einen Meisterbetrieb. Johann Rueber dürfte ein Angehöriger der großen Stuckateursfamilie Rava sein, die seit Beginn des 17. Jahrhunderts in Österreich mit ihren Arbeiten anzutreffen ist.
Im Zuge der Generalsanierung des Akademietrakts wurde auch die Sala Terrena unter Bedachtnahme auf den historischen Charakter renoviert und gleichzeitig mit den modernsten technischen Anlagen für die Nutzung als Fest-, Vortrags- und Veranstaltungssaal adaptiert.

ced to work for his living) should possess from Classical times to the Renaissance period. The images of the 'Sala Terrena' already show a progression from traditional allegorical images of earlier centuries, featuring 'putti' (small angels or boys) typical of the late Baroque style. The choice of the seven free arts reflects the original purpose of the building, and the images include references to the subjects (including military art) taught at the Noble Academy. The 'geometry' medallion, for example, includes the map of a fortress.
The stucco work of the 'Sala Terrena' was done by Matthias André and Johann Rueber. André was born in Vienna in 1708, and from the mid century onwards owned a master's studio there; he died in 1785. Johann Rueber probably belonged to a family (originally Rava) from which many talented stucco artists in Austria came in the 17th and 18th centuries.
In the course of the general restoration, great care has been taken to turn the 'Sala Terrena' into a modern, well-equipped lecture and events hall while preserving its historical character.

Astronomie **Astronomy**

Die griechische Göttin Athene in der Mitte der Fassade des Akademietrakts zur Stiftgasse hin. Als Göttin der Wissenschaft und der Kunst des Krieges wie des Friedens wurde Athene in der Neuzeit immer wieder im Zusammenhang mit Akademien und Universitäten dargestellt. Heute ist sie auch Symbol für das „Consortium" der Verteidigungsakademien und -universitäten im Rahmen der NATO-Partnerschaft für den Frieden.
The Greek goddess Athene is the centrepiece of the facade of Stift Barracks. As the goddess of science and the art of war and peace, she became the symbol of many academies and universities. She is also the symbol of the NATO/PfP Consortium of Defence Universities and Security Policy Research Institutions.

Akademiekommandanten und Institutsleiter

The Commandants and Heads of Institutes

Kommandanten:

(1956 – 1961: Höhere Offizierslehrgänge bzw. höhere Offizierskurse (der Militärakademie); 1961 – 1966 Stabsakademie; seit 1967 Landesverteidigungsakademie)

1956:	Oberst des höheren militärischen Dienstes Ing. Josef HECK (als Kommandant der Militärakademie)
1957 – 1961	Oberst des Generalstabes Dr. Mario DUIC
1961 – 1963	Generalmajor Albert BACH
1963 – 1973	Generalmajor Emil SPANNOCCHI
1973 – 1975	Generalmajor Dr. Mario DUIC
1975 – 1980	General Wilhelm KUNTNER
1981 – 1985	General Dipl.-Vw. Lothar BROSCH-FOHRAHEIM
1986 – 1990	General Karl SCHAFFER
1990 – 1996	General Erich EDER
1996 – 2001	General Ernest KÖNIG
seit 2001	General Mag. Raimund SCHITTENHELM

Chefs des Stabes:

(Von 1992 bis 2002 wurde diese Funktion durch den jeweiligen Leiter der Führungsabteilung wahrgenommen; seit 2002 gibt es die Funktion"Chef des Stabes & stellvertretender Akademiekommandant").

1992 – 1997	Brigadier Gerd EBNER
1997 – 2001	Oberst des Generalstabsdienstes (später Brigadier) Johann SPIESSBERGER
2001 – 2002	Oberstleutnant des Generalstabsdienstes Martin JAWUREK
2002 – 2003	Brigadier Heinz KOZAK
seit 2003	Brigadier Mag. René SEGUR-CABANAC

Leiter der einzelnen Institute bzw. ihrer Vorläuferorganisationen

Institut für höhere militärische Führung (IHMF):

(1956 Entstehung im Rahmen der höheren Offizierskurse als vorerst einziges Lehrelement der künftigen Stabsakademie; 1965 Konstituierung als Lehrgruppe I (Höhere Offiziersausbildung) der Stabsakademie bzw. der Landesverteidigungsakademie im Zuge der Bildung der Lehrgruppe II (Umfassende Landesverteidigung); 1978 Institut für höhere Offiziersausbildung und Militärisches Fremdsprachenwesen; 1985 Institut für Höhere Offiziersausbildung; 1992 Lehrabteilung; 2002 Studienzentrum und Institut für Höhere Militärische Führung; 2005 Institut für Höhere Militärische Führung)

1966 – 1968	Oberst des Generalstabes Hellmut BERGER
1968 – 1972	Oberstleutnant des Generalstabes Friedrich ADRARIO
1973 – 1979	Oberst des Generalstabes Erich EDER
1979 – 1981	Oberst des Generalstabes Josef MAROLZ
1981 – 1986	Oberst des Generalstabes Friedrich DIALER
1986 – 1992	Brigadier Wilhelm FIGL
1993 – 2002	Brigadier Gernot ALBRECHT
2002 – 2003	Brigadier René SEGUR-CABANAC
seit 2004	Brigadier Mag. Kurt WAGNER

Bedingt durch dienstliche Abwesenheiten wurde das Institut im Laufe der Jahre immer wieder über längere Zeiträume interimistisch geführt, u.a. von Oberst des Generalstabes Horst PLEINER, Brigadier Horst WALTHER, Brigadier Heinz KOZAK, Oberst des Generalstabsdienstes Mag. Roman HORAK und Oberst des Generalstabsdienstes Mag. August REITER.

Sprachinstitut des Österreichischen Bundesheeres (SIB):

(1961 Organisationselement „Sprachausbildung" als Teil der Stabsakademie und später der Landesverteidigungsakademie; 1969 Einrichtung eines Fremdsprachendienstes; 1985 Errichtung des Instituts für militärisches Fremdsprachenwesen („Institut IV"); 1996 Sprachinstitut des Bundesheeres)

1961 – 1966	Major Hans HANDLER
1966 – 1973	Hauptmann Heribert BERGER
1973 – 1996	Brigadier Friedrich LIEBHARD
1996 – 2002	Brigadier Heinz KOZAK
2002 – 2003	Oberst des höheren militärfachlichen Dienstes Dr. Josef ERNST*
seit 2003	Brigadier Mag. Horst WALTHER

Lehrgruppe II „Umfassende Landesverteidigung" / Institut für Wehrpolitik / Institut für Militärische Sicherheitspolitik (IMS)

(1965 Lehrgruppe II „Umfassende Landesverteidigung"; 1977 Neuformierung des Instituts für Wehrpolitik aus Teilen der Lehrgruppe ULV; 1985 Neugründung des Instituts für Militärische Sicherheitspolitik (IMS) an Stelle des bisherigen Instituts

* = mit der Führung betraut

für Wehrpolitik; 1992 Aufteilung der Agenden des IMS im Zuge einer größeren Umgliederung und Bereinigung von Überschneidungen: die Bereiche Sicherheitspolitik sowie Heer und Gesellschaft kamen an die Forschungsabteilung (heute ISS), der Bereich Wehrpädagogik wurde von der neu geschaffenen Wehrpädagogischen Abteilung übernommen)

1965 – 1971	Oberst des Generalstabes Wilhelm KUNTNER
1971 – 1984	Oberst des Generalstabes Hermann STROHSCHNEIDER
1984 – 1990	Oberst des Generalstabsdienstes Heinz DANZMAYR (1984-85 als Leiter des Instituts für Wehrpolitik, dann des IMS)

Institut für Strategie und Sicherheitspolitik (ISS):
(1968 Lehrgruppe III bzw. Institut für Militärische Grundlagenforschung; 1978 Institut für Strategische Grundlagenforschung; 1992 Forschungsabteilung/Institut für strategische Forschung; 2001 Institut für Strategie und Sicherheitspolitik)

1968 – 1973	Oberst des Generalstabes Günther HOY
1973 – 1987	Oberst Franz FREISTETTER
1987 – 1991	Brigadier Heinz KOZAK
seit 1991	Hofrat Dr. Rudolf HECHT

Institut für Human- und Sozialwissenschaften (IHSW):
(1992 Wehrpädagogische Abteilung; 2001 Institut für Militärsoziologie und Militärpädagogik; 2005 Institut für Human- und Sozialwissenschaften)

1992 – 2000	Oberst des höheren militärfachlichen Dienstes Divisionär Mag. Udo RUMERSKIRCH
2000 – 2001	Hofrat Dr. Johann BERGER*
seit 2001	Oberst des höheren militärfachlichen Dienstes Brigadier Mag. Dr. Edwin MICEWSKI

Institut für Friedenssicherung und Konfliktmanagement (IFK):
(1997 Projektgruppe „Internationale Friedenssicherung/Einsatz von Streitkräften"; 1999 Abteilung für Internationale Friedenssicherung; 2002 Institut für Friedenssicherung und Konfliktmanagement)

1997 – 2001	Oberst des höheren militärfachlichen Dienstes Mag. Gustav GUSTENAU
2001/2002	Oberst des höheren militärfachlichen Dienstes Mag. Karl WOHLGEMUTH*
seit 2002	Brigadier Dr. Walter FEICHTINGER

Führungsabteilung (FüA):
(Entstand als Organisationselement „Kommando und Stabszug" der Akademie; 1992 Führungsabteilung)

1992 – 1997	Brigadier Gerd EBNER,
1997 – 2001	Oberst des Generalstabsdienstes Johann SPIESSBERGER
2001 – 2004	Oberstleutnant des Generalstabes Mag. Martin JAWUREK
2004	Oberst Ernst TEUSCHL*
seit 2006	Oberst Rudolf STURMLECHNER*

Zentraldokumentation (ZentDok):
(Bis 1992 Organisationselement des Instituts für Militärische Grundlagenforschung bzw. des Instituts für Strategische Grundlagenforschung; 1992 Aufstellung als eigene Abteilung)

1972 – 1978	Major des Generalstabsdienstes Rüdiger STILLFRIED
1978 – 1991	Hofrat Dr. Friedrich FRITZ
1991 – 1993	Brigadier Mag. Roland FLOR
seit 1993	Oberst des höheren militärfachlichen Dienstes Mag. Klaus MAK

Österreichische Militärische Zeitschrift (ÖMZ):
(1963 Entstehung als eigenständige Redaktion; 1992 Eingliederung als Institut der Landesverteidigungsakademie)

1963 – 1969	Hauptmann a.D. Gustav STÖCKELLE
1969 – 1993	Oberst Divisionär Franz FREISTETTER
1993 – 2001	Oberstleutnant des Generalstabsdienstes (später Brigadier) Gerald KARNER
1997	Oberst des Generalstabsdienstes (später Brigadier) Klemens HOFMEISTER*
1997 – 1998	Oberstleutnant des Generalstabsdienstes Christian PLATZER*
seit 2001	Oberst des Generalstabsdienstes MMag. Dr. Andreas STUPKA

Institut für Militärisches Geowesen (IMG):
(1997 – 2002 Institut der Landesverteidigungsakademie, danach Organisationselement des Kommandos Führungsunterstützung)

seit 1997	Brigadier Dr. Reinhard MANG

Verein der Freunde der Landesverteidigungsakademie:
(1993 gegründet)

Präsident ist seit Beginn General Erich EDER

Anmerkung: Alle Personen sind mit dem letzten Dienstgrad in der genannten Funktion angegeben.

Die Institute der Landesverteidigungsakademie

The National Defence Academy's Institutes

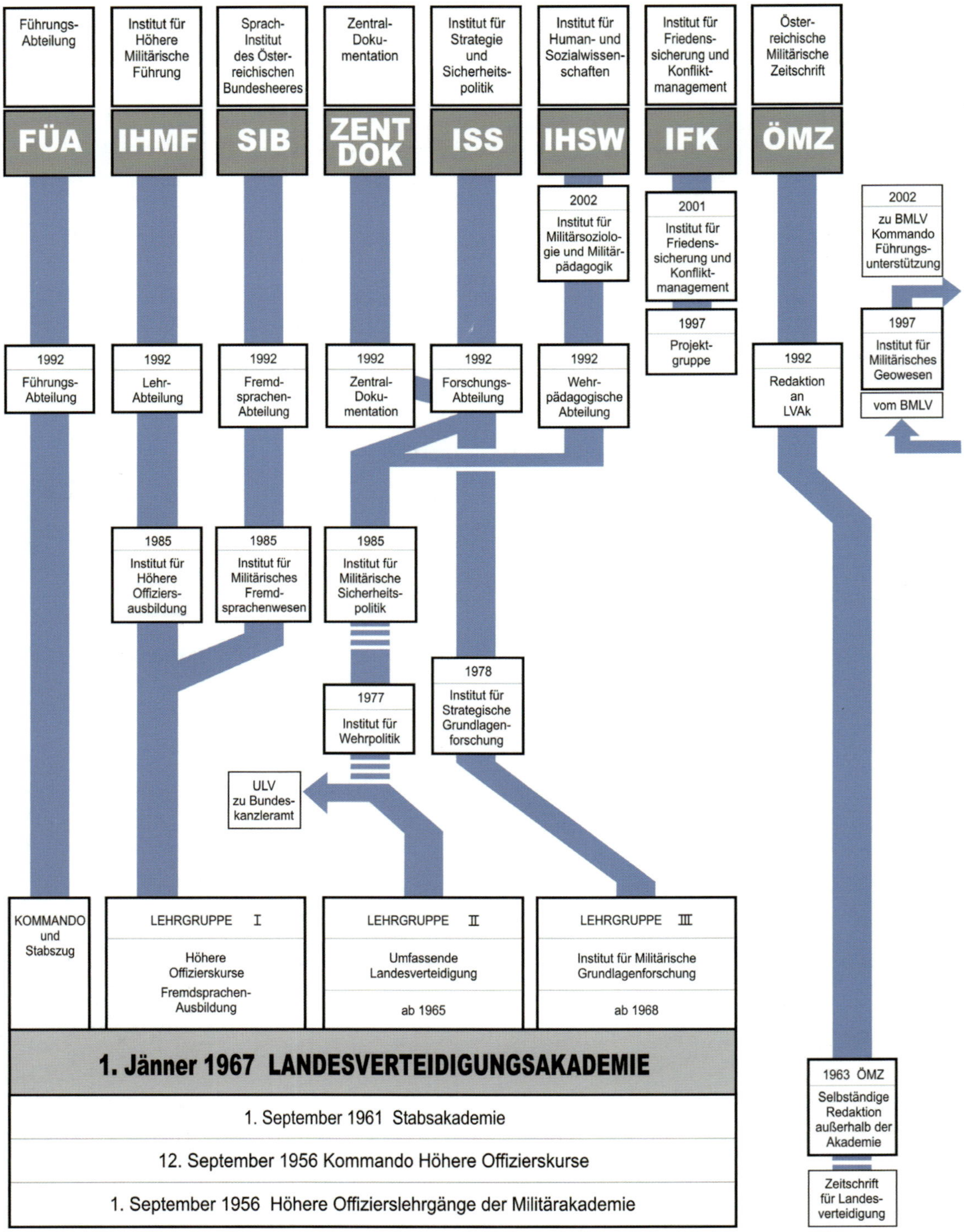

LANDESVERTEID

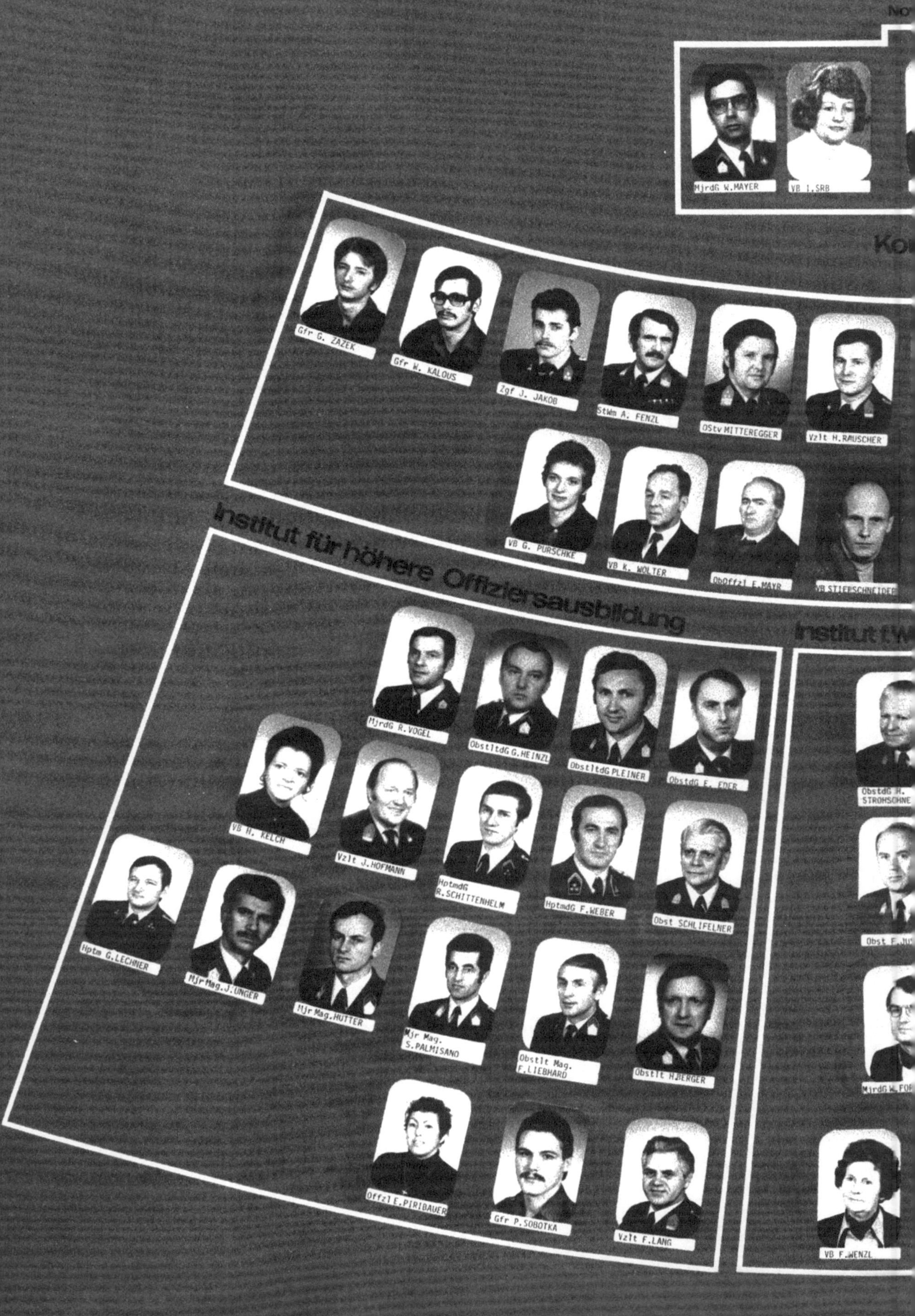